U0142045

中國現代文學
名家傳記叢書

范伯群
范紫江 著

灑向人間皆是愛——冰心

陳信元
張堂錡 策劃

文史哲出版社 印行

國家圖書館出版品預行編目資料

灑向人間皆是愛：冰心 / 范伯群,范紫江著. --
初版. -- 臺北市 : 文史哲, 民 90
面: 公分. -- (中國現代文學名家傳記叢書；1)
參考書目 : 面
ISBN 957-549-339-7(平裝)

1. 冰心（謝婉瑩 1900 -1999）- 傳記 2.中國文學 - 傳記

782.886 90000228

中國現代文學名家傳記叢書 ①

陳信元・張堂錡策劃

灑向人間皆是愛：冰心

著 者：范伯群 范紫江
出版者：文史哲出版社
登記證字號：行政院新聞局版臺業字五三三七號
發行人：彭正雄
發行所：文史哲出版社
印刷者：文史哲出版社
臺北市羅斯福路一段七十二巷四號
郵政劃撥帳號：一六一八〇一七五
電話 886-2-23511028・傳眞 886-2-23965656

實價新臺幣二五〇元

中華民國九十年元月初版

ISBN 957-549-339-7

書系緣起

陳信元
張堂錡

法國詩人兼批評家聖伯甫（Sainte Beuve，1803-1860）曾說：「在批評學上，我覺得使人讀之生快感而增見聞的，最好是替偉大的作家生動而詳實的傳記。……鑽入作家的身心、懷抱，用各種方式使其活動，並觀察他的時代、習慣及生活，這樣，才算得上是個真正的批評家。」也就是說，一個批評家如果不能進入作家的心靈世界，與作家進行一種心領神會的交流，感知其情意，認知其思想，同時對其所處時代、社會、環境種種有深刻的理解，則很難能對作品有剖析精闢的評論。因此，要理解作品，應該先了解作家，而文學傳記正是我們理解作家的重要門徑之一。一部傑出的傳記，理應是融合了作家論、作品論、歷史論、鑑賞論、批評論、創作論等多種功能、技巧或條件於一身的產物。

一個優秀的傳記文學作家，應該是傳主的真正知己，能把傳主的整個人格呈現出來；一部優秀的傳記文學作品，除了文字引人入勝外，更要使傳記中人栩栩如生，散發出動人的力量，透射出豐富的智慧。這除了要靠資料搜羅求其完備的真實性講究之外，善於運用文學技巧進行剪裁、安排、刻劃的藝術性追求，也是不可或缺的基本條件。如果能找到許多位優秀的傳記文學作家，寫出一部部兼具可讀性、史料性、藝術性的傳記文學作品，我們相信對文學研究的深化、作品的廣為流傳，甚至於創作經驗的傳承、熱情的點燃，都將會是極具正面性的嘗試與貢獻。

這是我們的心願，也是我們長期關懷文學發展的理想追求。如今，這個心願與理想，透過《中國現代文學名家傳記叢書》的企劃推出，得到了彌足珍貴的落實。說「彌足珍貴」是真的，學術作品的出版一向不受主流市場的青睞，作家傳記雖然已較通俗可讀，但和那些政治人物、影劇明星內幕八卦的「傳記」轟動上市、旋即再版的「盛況」相比，文學作家傳記確實是有些寂寞，何況相關作家的傳記在市面上已有許多不同版本在流傳，我們能推出這套叢書，若不是文史哲出版社社長彭正雄先生不計成本的支持，以及對這套叢書的內容品質，撰稿群的學養功力深具信心，這個心願是很難達成的。

打開中國現代文學史，魯迅、巴金、郁達夫、曹禺、冰心、朱自清、錢鍾書、林語堂等一連串的名家，他們的人生際遇、生命抉擇、生活型態、創作追求，構築起一座座豐盈、迷人的心靈園林，讓後人流連；他們在時代變動中所發出的光與熱、情與意，也同樣令後人仰望、懷想。他們以自己的生命、作品、藝術理想，為逝去的二十世紀刻鏤下最深刻、也最華麗的印記。他們的傳記，既是二十世紀文學史的縮影，也是現代中國知識分子心路歷程的曲折呈現。認識這些作家，不僅認識了文學，也認識了現代中國，認識了自己。

這些現代文學名家的傳記，在撰稿者秉持設身處地、還原情境、正視後果、多面探掘等原則，並採宏觀與微觀兼具、大歷史與小歷史並重的寫作態度，篇幅不求其厚長，內容卻力求其豐實生動，人物刻劃力求其準確有度的要求下，如今已呈現在讀者的面前。我們澆灌現代文學園圃的用心深意，看來已有了纍纍碩實的成果。

值此世紀回眸之際，我們祈盼新世紀的作家身影不再寂寞，文學可以迎回另一個世紀的璀璨風華。從這個角度看，這套叢書，既是回顧，也是前瞻；既是總結，也是一個好的開始了。

感謝所有的撰稿者，以及為這套書奉獻過心力的朋友。

二〇〇一年元月序於臺北

前言

當千禧年這位「巨人」站在地球大門之外正欲叩門時，我們以永遠懷念之情，送別冰心。我們在感情上無法接受「死亡」這個詞彙。這只是一個偉大、慈藹、寬博的靈魂，在完成了她的人生使命之後，於一九九九年二月廿八日，離她的肉體軀殼而遠行。

冰心與二十世紀同齡，而作爲作家，她的「文齡」又與「五四」同庚。在一九九九年三月十九日上午，在北京八寶山革命公墓舉行「送別」儀式上，會場裡沒有白布，人們也不戴黑紗，每個人手中都拿著一枝冰心生前最鍾愛的紅色的玫瑰；一大幅海藍色的布標上，臨摹冰心生前的手跡：「有了愛就有了一切」。

看到這八個大字，冰心的一生就好像呈現在我們的眼前了。作爲一位作家，她畢生用文學去建構人類的「愛」的眞善美的大廈。從表面上看，冰心的一生是「一帆風順」的。但要以文學爲載體作「愛之廈」的建築師，在某種時候，在某些地方，卻並非坦途。在二〇年代，因爲宣揚「愛」，冰心被很不確切地冠以「閨秀作家」的頭銜；在三〇年代，她的「愛」的篇章被有些人視爲「落伍」的表徵，她大概就在這種「無形有實」的壓力下，寫下了《分》一類的小說，顯示了她對原有文思的迷茫；在四〇年代，《關於女人》集不僅是她的優秀之作，而且證明了冰心對「愛」的信念的矢堅。她寫道：「叫女人不『愛』了吧，那是不可能的！上帝創造她，就是叫她來愛，來維持這個世界。她是上帝的化生工廠裡，一架『愛』的機器。」到了五〇年代，她希望迎來一個創作的春天，可是她爲了「愛」，迎來的往往是更難於言說的重壓。最痛苦的莫過於要她自認「我作品中一貫宣揚的超階級的『母愛』，是個最反動最含有毒素的思想」。似乎歪理重複一萬遍就可以變成眞理，在這種超常的重壓下，冰心也曾被推進一個「自己也不理解自己」的深淵，她並非「言不由衷」，她一度確曾感到她給過讀者以有毒的靈糧。

感謝「文革」，它最終卻成了一帖「清醒劑」，一針「退燒針」。在「文革」剛開始時，也許使冰心百思不得其解，衝擊她的，對她無比「仇恨」的竟是她在幾年前連心也肯交給他們的「小讀者」。那些當年讀她《三寄小讀者》的小朋友，其時已到了套上「紅衛兵」臂章的年齡，卻由他們來對她進行「觸皮肉」和「觸靈魂」的非人的侮辱與拆磨。巴金曾說：「連十幾歲的青年男女也以拆磨人爲樂，任意殘害人命，我看得太多了……我嘮嘮叨叨，無非想看清人獸轉化的道路」。「那些單純的十四五歲的中學生和所謂『革命左派』怎麼一下子變成嗜血的『狼虎』？那股熱很快就過去了，可是答案還不知在什麼地方。」我看，答案就在於我們多年來對人們，特別是對極待啓蒙人生的兒童放棄了「愛的教育」。人之初，在一張白紙上，卻先施於「恨的教育」。而且要「年年講，月月講，天天講」。因此，在兒童幼小的心靈裡就從來也沒有播種過「愛心」的種子，那麼何來「同情」的芽苗？「文革」中，人與人之間只有「天敵」般的相互懼視與咬噬。

我們的「左派幼稚病」之一，是將「愛的教育」與「鬥爭哲學」輕率地對立起來。「愛的教育」實際上是人類的啓蒙「素質教育」，是「人格塑造」的奠基。「愛的教育」賦予「鬥爭哲學」以人的靈光，而去杜絕獸性的膨脹。不懂得「愛」的人，他們的「恨」也必然是自私的，最終他們既不會愛人類，愛生命，愛世界，也不會有起碼的自尊與自愛。冰心在四十年代說過：

> 母親的愛是慈藹的，是溫柔的，是容忍的，是寬大的；但同時也是最嚴正的，最強烈的，最抵御的，最富正義感的！

經過「史無前例」的文革這位反面教員的「生動」一課，凡有良知的人們「清醒」了，也「退熱」了。五〇～七〇年代中對冰心以「愛的哲學」爲內容的「愛的教育」進行種種責難的歪理也塵埃落定了，冰心在這個問題上的視界也得以澄清了。正如巴金坦誠地承認：「

我過去吃過人云亦云的苦頭，現在頭腦比較清醒了。」清醒在於知道「心奴」比「身奴」更為可哀，作為一個作家，處在「死心塌地的精神奴隸」的境界是可悲的。於是，冰心和巴金等有良知的作家的覺醒就成了他們在「文章」後敢說眞話的動力。巴金說：「我那對於人類的愛鼓舞著我，使我有力量跟一切鬥爭。」這「一切」當然是指對社會上的黑暗、專制、強暴、貪婪與陰謀……。「憤怒出詩人」，而母愛為了眞理與正義卻能出憤怒。「文章」後，有的年輕編輯們說：「老太太的文章好是好，就是燙手。」其實年輕的編輯們是不怕燙手的，倒是還有那些自覺或不自覺的「黑暗勢力的保護傘」不敢輕易向冰心開刀，而要在敢發這些文章的編輯頭上撒氣。

「人之初」的「愛的教育」是人類必不可少的、也是最基本的道德規範教育，它是施展「鬥爭哲學」時的準星與標尺。只有高舉「人性的愛的大纛」，才能有「正義的憎的豐碑」！

「有了愛就有了一切」是冰心留給我們的遺囑。這篇《冰心傳》的主題是「全面肯定冰心以『愛的哲學』為內容，對讀者——特別是對兒童所進行的『愛』的教育」。

中國新文學有這樣一位作家是我們民族的驕傲，世界有這麼一位作家是人類良知的勝利！

灑向人間皆是愛——冰心

目次

紫江小朋友：

模仿写不出好文章来，
要像勤劳的蜜蜂那样，
博览群书，吸取各种各样
的花露，在你自己的人格中
经过一番消化，调和，组织，
酿出你自己的蜜来。

冰心 8,24,1981

北京医院

第一章　以大海為遊伴的童年

冰心，原名謝婉瑩。一九〇〇年十月五日誕生於福州市。原籍福建省長樂縣橫嶺鄉。冰心在回顧自己的家世時說：「我們的根，是深深地扎在福建橫嶺鄉的田地裡的。我並不是『烏衣門第』出身，而是一個不識字、受欺凌的農民裁縫的後代。」這個農民裁縫就是冰心的曾祖父以達公。他因天災背井離鄉，流入福州，棄農賣藝。「那時做裁縫的是一年三節……才可以到人家去要賬。這一年春節，曾祖父到人家去要錢的時候，因爲不認得字，被人家賴了賬，他兩手空空垂頭喪氣地回到家裡，等米下鍋的曾祖母聽到這不幸的消息，沉默了一會，就含淚走了出去，半天沒有進來，曾祖父出去一看，原來她已在牆角的一棵樹上自縊了！曾祖父連忙把她解救下來，兩人抱頭大哭；這一對年輕的農民，在寒風中跪下對天立誓：將來如蒙天賜一個兒子，拚死拚活也要讓他讀書識字……」他們的兒子是謝家第一個讀書人，那就是冰心的祖父謝子修，他是父母起誓後才擠進文人行列的幸運兒，以後曾長期在福州道南祠坐館授徒爲業。祖父和父親將這段家世告訴幼小的冰心，在她的童心中培育了憐念貧弱，關注民間疾苦的深厚同情心；也時時激勵著自我的上進心。

冰心的父親謝葆璋是清末維新派啓蒙思想家、著名翻譯家嚴復的學生。當時嚴復是水師學堂的總教習。他向嚴復學習的不僅是海軍知識，而且學到了他的開明的維新思想。他後來又是著名海軍將領薩鎮冰的得力副手。在甲午海戰中，謝葆璋身爲主力艦「來遠」號上的槍炮官，在海軍提督丁汝昌的率領下，身先士卒，奮勇抗擊日寇。一八九五年日寇用魚雷偷襲北洋水師。「來遠」號被擊沉，謝葆璋死裡逃生，泅回劉公島，才幸免于難。當時福州人在海軍裡的人很多，陣亡的也不少。今天在這家的門上貼上白紙的對聯，明天又輪到哪家呢？冰心的母親悄悄地買了一盒鴉片烟膏，如若得到父親陣亡的消息就準備服毒自盡。家裡除了日夜看守她之外，還爲她到廟裡去求簽，簽書上的話是：「筵已散，／堂中寂寞恐難堪，／若要重歡，／除去是一輪月上。」果然在一個明月當空的夜晚，聽到有人叩門，當母親去開門時，在月光下看到輾轉歸來的丈夫，那時謝葆璋的臉瘦得才兩指寬。因此冰心在幼小的心靈中，早早地培育了兩種思想，那就是既愛國又反戰。她說：「有我的時候，勇敢的父親，正在烈風大雪的海上，高唱那『祈戰死』之歌，在槍林炮雨之下，和敵人奮鬥。年輕的母親，因此長日憂慮。」母親憂慮的感染，使冰心在童年時代就萌發出一種反戰思想；但是父親的剛勇也教育她：浸泡在煉獄般的磨難中的祖國，是多麼需要新生一代的熱血沸騰的愛。

雖然有著母親的「憂慮的感染」的陰影覆蓋，但，冰心的童年是幸福的。她不僅享受母親的恩慈，而且有一位大自然的乳娘的悉心的撫育。這位乳娘就是大海。

一九〇三年，冰心的父親奉調到烟臺，先是任海軍營營長，同時創建海軍軍官學堂。於是他們就在烟臺安了家。從此，冰心就在這海隅、山陬奔遊，她的童年既是孤獨寂寞的，又是自由歡暢的。這無邊的蔚藍、蒼翠就是保姆寬闊溫柔的懷抱。母親楊福慈用字片教她識字：「人」、「手」、「足」、「刀」、「尺」……，但冰心的啓蒙課本不是這些「方塊字」。冰心最早是「讀海」。大海是冰心最早也是最好的啓蒙讀本。

這是我童年活動的舞臺上，從不更換布景。我是這個闊大舞臺上的「獨角」，有時在徘徊獨白，有時在抱膝沉思。我張著驚奇探討的眼睛，注視著一切。在清晨，我看見金盆似的朝日，從深黑色、淺灰色、魚肚白色的雲層裡，忽然湧了上來；這時，太空轟鳴，濃金潑滿了海面，潑滿了諸天……在黃昏，我看見銀盤似的月亮，顫巍巍地捧出了水平，海面變成一道道一層層的，由濃黑而銀灰，漸漸地漾成閃爍光明的一片。淡墨色的漁帆，一翅連著一翅，慢慢地移了過去，船尾上閃著桔紅色的燈光。……我回憶中的景色：風晨，月夕，雪地，星空，像萬花筒一般，瞬息千變；和這些景色相配合的我的幻想活動，也像一齣齣不同的戲劇，日夜不停地在上演著，但是每一齣戲都是在同一的，以高山大海爲背景的舞臺上演出的。這個舞臺，絕頂靜寂，無邊遼闊，我既是演員，又是劇作者。我雖然單身獨自，我卻感到無限的歡暢與自由。

這就是「讀海」。在她孤寂而幸福的童年中，不知觀賞過多少璀璨明媚的海景。她曾說過：「如果我的腦子裡有一座記憶之宮的話，那麼這座殿宇的牆壁上，不知道掛有多少幅大大小小意態不同、神韻不同的海景的圖畫。……這大海橫亘南北，布滿東方的天邊，天邊有幾筆淡墨畫成的海島，那就是芝罘島，島上有一座燈塔。……這幅海的圖畫，是在我童年，腦子還是一張純素的白紙的時候，清澈而敏強的記憶力，給我日日夜夜、一筆一筆用銅鈎鐵劃畫了上去的，深刻到永不磨滅。」

只有自小就有多年讀海的「幼功」的人，才能將大海寫活，在她的筆下大海才會有無盡無窮的魅力。童年時代的冰心就以海洋爲師，以星月爲友，受著海的女神的陶冶。海，賦予冰心以最豐富最神奇的想象力；海，贈予冰心以最靈動的畫意，最華美的詩情；賜予冰心以博大寬闊的心胸和廣袤無邊的智能。在她的心靈的慧眼中，海是有生命有感情的，這海的女神「住在燈塔的島上，海霞是她的扇旗，海鳥是她的侍從；夜裡她曳著白衣藍裳，頭上插著新月的梳子，胸前掛著明星的瓔珞；翩翩地飛行於海波之上……」海——溫柔沉靜；海——超絕威嚴；海——神秘有容；海——虛懷廣博。海的陶冶使冰心希望長大後成爲一位「海化」

的青年；在青年時代，又使她決心做一位「海化」的詩人。當她成爲作家時，「每次拿起筆來，頭一件事憶起的就是海。」童年時代「讀海」的「幼功」使她在長成後的心胸如此闊廣，她吮吸著海這位奶娘的乳汁，化爲作品中的「愛」。那愛心也就像海一樣深，一樣寬廣。

冰心童年還有一位最忠實的伙伴，她的名字就叫「書」。在書林中遨遊是她寂寞的海濱生活的最高享受。令冰心最崇拜的先是她的舅舅。他是冰心的父親請來協助處理海軍學校公文的。但他在公餘之暇能給冰心講《黑奴吁天錄》。黑奴的悲慘命運是培育冰心的同情心的最好的苗圃。她每天晚上聽畢故事後，「總是緊握著被眼淚濕透的手絹，在枕上翻來覆去，久久不能入寐。」後來，小舅又給冰心講《三國演義》。這比在母親那裡聽「老虎姨」、「蛇郎」、「牛郎織女」、「梁山伯祝英臺」要帶勁得多。這一聽可聽上了癮，聽得她晚上捨不得睡覺。有時她舅舅忙了一天公務，晚上還不得空閑，講故事也只好中止。冰心便急得像熱鍋上的螞蟻一般，天天晚上在舅舅的書桌邊徘徊，然而舅舅並不接受她的「暗示」。她只好像一個饑餓的末路英雄被逼上了書的「梁山」。「至終我只得自己拿起《三國志》來看，那時我才七歲。」「我囫圇吞棗，一知半解的，直看下去，許多字形，因爲重覆呈現的關係，居然字義被我猜著。我越看越了解，越感著興趣，一口氣看完《三國志》，又拿起《水滸》和《聊齋志異》。」童年的冰心闖進了說海書林，手不釋卷，在海天無際的小說傳奇的汪洋中航行遨游，她簡直入了迷，「頭也不梳，臉也不洗；看完書，自己喜笑，自己流淚。母親在旁邊看著，覺得憂慮；竭力的勸我出去玩，我也不聽。有一次母親急了，將我手裡的《聊齋志異》卷一，奪了過去，撕成兩段。我趑趄的走過去，拾起地上的半段的《聊齋》來又看，逗得母親反笑了。」冰心沉醉於書海中，接受著文藝女神的薫陶。優美的文學作品使幼小的冰心感到它與大海一樣奇麗多姿，波瀾迭起。

文藝之神的感化不僅藉著說海書林的魔力，而且也通過戲劇的魅力。在山巔水涯的孤寂的童年中，冰心看戲的機會是屈指可數的。冰心憶及童年在金鈎寨看社戲的情景：「實話說，對於社戲，我完全不感興味，往往看不到半點鐘，便纏著要走，……」不過冰心確也有看戲看得忘卻自我，進入角色的時候。那是逢年過節，她父親帶她到烟臺市裡去，參加天后宮裡海軍軍人的聚會演戲。她曾神采飛揚地回敘她的一次看戲的經過：

我小時候住在天連海，海連天的一個寂靜的山角——煙東山；因爲沒有遊伴，看書的時候很多，我七歲就開始看《三國演義》……把書中人物記得逼眞，故事也記得爛熟。有一次，父親的一位朋友請我們到煙臺市看戲，從一個久住山溝的孩子看來，上市是一件多麼大的事啊！這次看戲，給我的印象極深。我還記得這座戲園叫做「群仙茶園」，那天正好是演全本《三國志》，從《群英會》、《草船借箭》起，到《華容道》止，正是《三國演義》中最精采最熱鬧的一段！看到我所熟悉所喜愛的人物，一個個冠帶儼然地走上臺來，我眞是喜歡極了。我整整地伏在欄杆上站了幾個鐘頭，父親從後面拍我肩頭和我說話，我也顧不得回答。

冰心不僅對看戲有極大的興趣，而且對海軍軍人的活動有一種普泛的甚至是先天的興趣。正如她長大以後所說：「『軍人！』也許潛藏在我天性中罷，我在人群中常常不自覺的注意軍人。」這不僅是因爲父親的職業在孩子看來往往是神聖的，而且她最早接觸的最動聽的音樂就是嘹亮的軍號軍樂聲。海軍學校有「一支穿白衣軍裝的軍樂隊，我常常跟父親去聽他們演習，我非常尊敬而且羨慕那位樂隊指揮。……這營房、旗臺、炮臺、碼頭……是我童年初期活動的舞臺。」他們幾乎就是在軍營中安家，那些普通的水兵，那些兵艦上的軍官，在冰心眼中都是友愛和善的長輩和「朋友」。剛搬到煙臺時，他們的家是與海軍學校的醫院相鄰。醫院的老醫生是冰心的「朋友」。有時冰心摘花被蜜蜂螫了，他一面給冰心敷藥，一面還對冰心說，花是蜜蜂的糧食，好孩子是不搶人家糧食的。這醫院的門房裡住的是一個修理槍支的老兵。冰心常常去蹲在他的炭爐旁邊，和他攀談：你是給這麼多的槍看病吧？你這裡是槍醫院吧？你是槍醫生？一連串的問題把老兵問得哈哈大笑。老軍醫和老「槍醫」幾乎成了她的「忘年交」。她還常常跑到軍營門口去和站崗的海軍練勇談話。她「一面摸他們的槍，一面問：『你也打過海戰吧？』他搖頭說：『沒有。』我說：『我父親就打過，可是他打輸了！』他站了起來，扛起槍，用手拍著槍托子，說：『我知道，你父親打仗的時候，我還沒當兵呢。你等著，總有一天你的父親還會帶我們去打仗，我們一定要打個勝仗，你信不信？』這幾句帶著很濃厚山東口音的誓言，一直在我的耳邊回響著！」這就是冰心孩提時與她周圍的軍人的融融樂樂的關係。他們不僅使她這位海濱孤寂的孩子有了「朋友」，他們還給這位海濱大舞臺上的「小演員」有多次盡情表演的機會。她寫道：「更多的時候，就是帶我到進港的軍艦上去看朋友。」

那時，父親的朋友，都知道我會看《三國志》。覺得一個七歲的孩子，會講「董太師大鬧鳳儀亭」，是件好玩有趣的事情。每次父親帶我到兵船上去，他們總是把我抱坐在圓桌子當中，叫我講《三國》。講書的報酬，便是他們在海天無際的航行中，唯一消遣品的小說。我所得的大半是商務印書館出版的林譯說部。如《孝女耐兒傳》，《滑稽外史》，《塊肉餘生述》之類。從船上回來，我歡喜的前面跳躍著：後面白衣的水兵，抱著一大包小說，笑著，跟著我走。

她感到這些軍人是親切的，純樸的，淳厚的。他們在她的童年時就爲她提供了如此適宜於她施展自己「才能」的舞臺。也大大增強了她的自信力。他們贈送給她的是令她高興得心都發顫的「貴重」禮物，是些使她終身受用的精神營養品呵！像這樣的童年時的「忘年交」和施惠者，今後在她的筆下是什麼樣的面目大概是可以預測的。正如她以後所說：「我一生對於軍人普遍尊敬，軍人在我心目中是高尚，勇敢，紀律的結晶。」

在書林中遨遊，再加之舞臺上的戲曲人物使書林中的人物立體化。這些都是冰心在大海邊沉思的「原料」，於是這些人物在童稚的心靈宮殿中活躍萬分，交錯融合。《水滸》中的人物闖進了《三國》，《聊齋》裡的鬼魅又和《三國》、《水滸》中的人物發生了瓜葛……這種仰天遐想，抱膝凝神的生活，激發了冰心最初的寫作欲望，她把腦海中編纂的神奇故事，搬到了紙上：

這時我自己偷偷的也寫小說。第一部是白話的《落草山英雄傳》，是介乎《三國志》，《水滸傳》中間的一種東西。寫到第三回，便停止了。因爲「金鼓齊鳴，刀槍並舉」重覆到幾十次，便寫得沒勁了。我又換了《聊齋志異》的體裁，用文言寫了一部《夢草齋志異》。「某顯者，多行不道」，重覆的寫了十幾次，又覺得沒勁，也不寫了。

這是後來成爲著名作家的冰心最早的創作「演習」。童年歲月的這種「預演」，不過是孩提時代的一種「摹仿」而已。在文藝女神的薰陶下，童年的冰心也學會在文藝領域中「擺小人家家」了。這種創作不可能期望它成功，但確實可以欽佩她的勇敢的嘗試精神。

到十一歲時，冰心已讀完了全部《說部叢書》，以及《西遊記》、《水滸傳》、《天雨花》、《再生緣》、《兒女英雄傳》、《說岳》、《東周列國志》等等。冰心在嗜書的過程中，不僅愛讀一般的小說，而且還愛偷看當時的革命禁書。她的小舅舅每次來煙臺度暑假，都帶來一些書，有些書是不讓她看的。可越是不讓她看，她越是想看，於是就偷來看，原來都是《天討》一類的「同盟會」的宣傳冊子。她偷偷地看了之後又偷偷地放回原處。冰心在四十年代曾回顧道：

母親對於政治也極關心，三十年前，我的幾個舅舅，都是同盟會的會員，平常傳遞消息，收發信件，都是母親出名經手。我還記得在我八歲的時候，一個大雪夜裡，幫著母親把幾十本《天討》，一卷一卷的裝在肉鬆筒裡，又用紅紙條將筒口封了起來，寄了出去。不久收到各地的來信說：「肉鬆收到了，到底是家制的，美味無窮。」我說「那些不是書嗎？……」母親輕輕的捏了我一把，附在我的耳朵上說：「你不要說出去。」

當時，在冰心的家庭中，那種「驅除韃虜，恢復中華」的民族運動、愛國革命的氛圍已經很濃鬱了。她的父親是個很開明、很有頭腦的人。他不是一介武夫，而是既會吟詩，又會打仗，裘帶歌壺，翩翩儒將。他在海軍軍校圖書室就訂了《民呼報》等爲同盟會作宣傳的報紙。一九一一年春天海軍學校以春季運動會爲導火線爆發了北京貴胄學校的滿族學員和漢族學員長期蘊蓄的矛盾，學潮是很猛烈的。有人就以此爲藉口，向北京清政府密告謝葆璋是「亂黨」。據說海軍學校裡有許多同盟會員。圖書室裡訂的《民呼報》當然也是罪狀之一。有友人就勸謝葆璋主動辭職，免得落得個「撤職查辦」。這樣，謝葆璋就遞了辭呈，告別了自己一手創辦的海軍學校。冰心也只好告別了朝夕相處、耳鬢廝磨的大海和她的第二故鄉煙臺，跟隨她的父親回福州老家去。

煙臺對冰心的一生中的影響是深遠的。對冰心說來是一所沒有圍牆的幼稚園。她一提起煙臺總是稱「我們的煙臺」。這是她童年時接受父親的教育的結果。面對煙臺的大海，父親告訴她：「我們的北方大港，不至一個煙臺呵，但你看——大連是日本的，青島是德國的，秦皇島是英國的，都被他們強占去了。現有只有……只有煙臺是我們的了！」「因此，我從小，只知道熱愛童年的所在地，『我們自己的煙臺』。」直到一九八四年冰心寫《憶煙臺》時還深情地說：「一提起煙臺，我的回憶和感想就從四方八面湧來……它不會記得七十多年前有個孤獨的孩子，在它的一角海灘上，徘徊躑躅，度過了潮長潮落的八個年頭……我是一九一一年離開煙臺東山的……」

冰心，是在回福州的風塵僕僕的路上，迎來了辛亥革命。「辛亥革命時，我們正在上海，住在租界旅館裡。我的職務，就是天天在門口等報，母親看完報就給我們講。她還將自己所僅有的一點首飾，換成洋錢，捐款勞軍。我那時才十歲，也將我所謹有的十塊壓歲錢捐了出去，是我自己走到申報館去交付的。」「收條的上款還寫有『幼女謝婉瑩君』字樣」。

回到福州老家，圍繞祖父的膝下，生活開啓了一個全新的境界。孤獨的孩子投入大家庭的懷抱。連中表姐妹一起，竟有十幾個之多，這都是她的新友伴。這對冰心說來，不僅環境變了，連性格也發生了一些變化。在煙臺，她父親從軍營歸來，「他就教我打槍、騎馬、劃船，夜裡就指點我看星星。」在小時候，她最不喜歡的一部小說就是《紅樓夢》。「我的性質很『野』，對於同性的人，也總是偏愛『精爽英豪』一路。小時看《紅樓夢》，覺得一切人物，都使我膩煩，其中差強人意的，只有一個尤三姐，所謂是『冰雪淨聰明，雷霆走精銳』者，兼而有之。」（直到一九八九年，冰心寫《憶讀書》時，她又談起「《紅樓夢》是我十二三歲時候看的，起初我對它的興趣並不大，賈寶玉的女聲女氣，林黛玉的哭哭啼啼，都使我厭煩，還是到了中年以後再拿起這部書時，才嘗到『滿紙荒唐言，一把辛酸淚』一個朝代和家庭的興亡盛衰的滋味。）童年的冰心一直是男裝的。黑色帶金錢的軍服，還佩著一柄短短的軍刀。父親的朋友都以爲她是男孩，誇獎她是「好英武的一個小軍人」。現在她告別了青鬱的山，無邊的海，藍衣的水兵，船灰的軍艦，嘹亮的口號，晨昏的喇叭。換上了女孩子的衣服，與十幾個姐妹一起調脂弄粉、添香焚爵，她簡直驚異沉迷這種生活的新穎情調。「新年，元夜，端午，中秋的燭光燈影，使我覺得走入古人的詩中！」直到成爲作家時，她再憶戀煙臺「躍馬橫刀」的生活時，竟吁嘆自問：「童年，只是一個深刻的夢麼？」大海給冰心的是胸襟闊大和遐想沉思；而福州的還原小女子的生活，給她以細膩和溫柔。

但在福州，冰心最心愛的樂園還是祖父的書房。滿屋滿架的書吸引著她一有空就鑽進書房翻書看。一九一二年冰心考上了福州女子師範學校預科。過去除了在家塾讀書之外，她從未正式進過學校，她在這所學校裡開始接觸種種淺近的科學知識。

一九一三年謝葆璋奉命到北京擔任海軍部軍學司司長。冰心和母親、三個弟弟也遷到北京居住。從此冰心與北京結下了不解之緣，除了抗日內遷或身在異域，還有在「文革」中被趕出北京之外，北京就成了她的定居之地。

剛到北京的一年，冰心沒有上學讀書。她白天幫母親做家務，還讀母親訂閱的《婦女雜誌》、《小說月報》、《東方雜誌》等刊物，這些書刊就成了她在沒有上學期間的「課本」。她也在雜誌的「文苑欄」裡才開始知道「詞」，對「詞」發生了興趣，於是又開始讀各種的詞。

等到弟弟們放了學，我就給他們說故事。不是根據著書，卻也不是完全杜撰。只是將我看過的新舊譯著幾百種的小說，人物布局，差來錯去的胡湊，也自成片段，也能使小孩子們，聚精會神，笑啼間作。

一年中，講過三百多段信口開河的故事。寫過幾篇無結局的文言長篇小說——其中我記得有一篇《女偵探》，一篇《自由花》，是一個女革命家的故事——以後，一九一四年的秋天，我便進了北京貝滿女中。

孩提時的冰心，是個饑渴地要聽故事的人，每天急得像熱鍋上的螞蟻似的在舅舅書桌前徘徊。但到了十三四歲，冰心已從聽故事的人一變而爲說故事的人，她扮演著「舅舅」的角色，把弟弟置於她昔日的地位。她聽舅舅講悲慘的故事時，總是眼淚濕透手絹；現在她竟也能令弟弟們「笑啼間作」。這種故事雖然僅僅是一種「拼湊」但是畢竟不是「照本宣讀」，它已經有了文學「虛構」的成分。這一年間能講三百多段故事的事實告訴我們，少年的冰心正在不自覺地勤奮地爲她今後的創作做好準備工作。少年的冰心已經走到了文學創作的大門前了，只待時機成熟，她就要伸手去扣文學的大門。

一九一四年秋冰心進了離她家最近的東城燈市口公理會的貝滿中齋讀書（當時一般的教會學校用的都是中國傳統的名稱，小學稱蒙學，中學稱中齋，大學稱書院）。父親也是同意她進教會學校的：「教會學校的教學是認眞的，英文的口語也純眞，你去上學也好。」冰心到學校報名那天，美國女教士斐校長請中文老師爲她出一個作文題目進行測試。那題目是《學然後知不足》。這個題目是冰心在家塾中做過的。於是文不加點，一揮而就。校長斐教士非常驚奇嘆賞，就算是錄取了，說是可以插入一年級讀書。冰心在福州女師預科讀書時只學過加減乘除，進了貝滿中學算術是學代數，第一次月考就不及格。這對冰心來說，從讀書以來是從來沒有過的事。她的其他的科目，連同聖經和英文，都在九十五分以上，作文老師還給過她一〇〇分，再加二十分呢！但是憑著冰心的努力，她很快補上了數學上的這一段空白。貝滿中齋這個教會學校每天要有半小時的宗教聚會，星期天還有「查經班」和做禮拜。「因著基督教義的影響，潛隱的形成了我自己的『愛』的哲學。」「我看到一個窮苦木匠家庭的私生子，竟然能有那麼多信從他的人，而且因爲宣傳『愛人如己』，而被殘酷地釘在十字架上，這個形象是可敬的。但我對於『三位一禮』、『復活』等這類宣講，都不相信，也沒有入教做信徒。」

冰心在貝滿中學扎扎實實的學了四個年頭，以最高分數畢業了。按照學校的傳統，她編寫了「辭師別友」的歌詞，在畢業會上做了「辭師別友」的演說，這四年的生活訓練，約束了冰心的「野性」，使他在進入大學的豐富多采的生活之前，準備好一個比較穩靜的起步。

冰心從貝滿中齋畢業後，就直接升入同屬公理會教會系統的協和女子大學就讀。冰心進的是理預科，她的數、理、化的功課很好。她的志願是希望將來做一個醫生。

那時知識女子就業的道路很窄，除了當教師，就是當醫生，我是從入了正式學校起，就選定了醫生的這個職業，主要的原因是我的母親體弱多病，我和醫生接觸得較多，醫生來了，我在庭前階下迎接，進屋來我就遞茶倒水，伺候他洗手，仔細地看他診脈，看他開方。後來請到了西醫，我就更感興趣了，他用的體溫表、聽診器、血壓計，我雖然不敢去碰，但還是向熟悉的醫生，請教這些器械的構造和用途，我覺得這些器械是科學的，而我的母親偏偏對於聽胸聽背等診病方法，很不習慣，那時的女醫生又極少，我就決定長大了要學醫，好爲我母親看病。父親很贊成我的意見，說：「古人說，『不爲良相，必爲良醫』，東亞病夫的中國，是需要良醫的。你就學醫吧！」

如果沒有「五四」愛國學生運動，也許中國有一位名叫謝婉瑩的名醫，卻不會有一位筆名叫作冰心的傑出的作家，這時北洋政府的賣國行徑使祖國上空的陰雲密布，而學生的愛國運動的閃電也與這密布的陰雲相撞擊，於是祖國的地平線的天邊滾動著「五四」風暴的隆隆雷聲。

第二章　我何幸生在「五四」的中國

冰心曾不止一次說過：「『五四』運動的一聲驚雷把我『震』上了寫作的道路」。是「五四」運動使她較爲廣泛地與社會接觸，使她呼吸到新潮中的時代氣息，又使她走上了文學的道路，從而改變了她學醫的初志。冰心回憶「五四」運動爆發對她的生活道路的巨大影響時說：

在五四的頭幾天，我已經告假在東交民巷德國醫院，陪著我的二弟爲杰——他得了猩紅熱……黃昏時候又有一個親戚來了，興奮地告訴我北京的大學生們爲了阻止北洋軍閥政府簽訂出賣青島的條約，聚集起遊行的隊伍，在街上高呼口號撒傳單，最後湧到賣國賊章宗祥的住處，火燒了趙家樓，有許多學生被捕了。我聽了又是興奮，又是憤慨，他走了之後，我的心還在激昂地跳……

第二天我就同二弟從醫院回家去了，到學校銷了假。學生自治會裡完全變了樣，人人站在院子裡激昂地面紅耳赤地談話，大家都投入了緊張的工作。我被選做了文書。

我們學生會是北京女學界聯合會之一員。……

……一向修道院似的校園，也成了女學界聯合會代表們開會的場所了。同時學生們個個興奮緊張，一聽到有什麼緊急消息，就紛紛丟下書本湧出課堂，誰也阻擋不住！我們三五成群地揮舞著旗幟，在街頭宣傳，沿門沿户地進入商店，對著懷疑而又熱情的臉，講著人民必須一致起來，反對日本帝國主義的侵略壓迫，反對軍閥政府的賣國行爲的大道理。我們也三三兩兩抱著大撲滿，在大風揚塵之中，荒漠黯舊的天安門前，攔住過往的洋車，請求大家捐助幾個銅子，幫助我們援救慰問那些被捕的愛國學生。我們大隊大隊地去參加北京法庭對於被捕學生的審問，我們開始用白話文寫著各種形式的反帝反封建的文章，在各種報刊上發表。

在「五四」運動的愛國巨瀾中，冰心像一朵歡快的浪花奔騰跳躍著。作爲學生自治會的文書，又是北京女學界聯合會宣傳股的股員，冰心就有寫宣傳文章的職責和義務。我們現在能看到的冰心的最早的文章是發表在一九一九年八月廿五日北京《晨報》上的《二十一日聽審的感想》，署名是「女學生謝婉瑩投稿」。按照《晨報》的慣例，凡屬外稿都盡可能注明來稿者的身份，並在作者姓名下加上「投稿」兩字以示與內稿和特約稿之區別。從題目看就知道是一篇爲愛國學生「鼓呼」的宣傳文章。這篇文章是揭露北洋軍閥的陰謀：在學校收買走狗，製造事端，非法逮捕愛國學生，擺出一副殺雞儆猴的架勢。但是群情激昂，正義的輿論更加激起學生愛國運動的態態之焰。

一位在中國新文學文壇上最有影響的女作家，就是這樣開始學步的。而扶持她學步的一位無名英雄則是她的表兄劉道鏗（放園）。這位比她大十七歲的表兄當時就在《晨報》任編輯。冰心家的《晨報》就是他贈閱的。當冰心決定投稿時，也事先通過電話與他商量而又得到他的鼓勵。問題是冰心完成了宣傳股的宣傳任務之後，由於一心想學醫，而忙於理預科的功課，並不想繼續寫稿。「放園表兄卻一直鼓勵我寫作，同時寄許多那時期出版的刊物，如《新青年》、《新潮》、《少年中國》、《解放與改造》等等，讓我閱讀。……有時他還替上海的《時事新報》索稿。」於是冰心就在「五四」運動中走出家門、校門，以她初步接觸社會的感受爲原料，習作小說。她雖還入世不深，卻也觸及了當時的不少社會問題。

但人們還不竟會問：一個十九歲的少女，怎麼會在不到一年時間裡就成了全國矚目的女作家的呢？中國有句老話，叫做「時勢造英雄」，冰心的成爲著名作家的機遇就是「五四」運動的促成；但是還有一句不該忘記的話，那就是「英雄造時勢」。當然冰心還稱不上英雄。但這位「才女」用自己的作品點燃了人們心頭之火，卻是如實的評價。「五四」如奧林匹克的聖火，而冰心就是用文學之筆成這火種的之一傳遞者。這樣的評價也許不爲過份。

新文學史就一直認爲冰心是以寫「問題小說」起家的。因爲在當時，滿清政府剛被推翻，又值北洋軍閥的專權，封建勢力幾千年統治的殘餘，帝國主義的數十年的侵略，使社會上的問題成堆：有國難問題，有勞工問題，有青年問題，有婦女問題，有家庭問題……總之，外交內政，內憂外患，舉目四顧，無處不暴露出種種問題。「這裡面有血，有淚，有凌辱和呻吟，有壓迫和呼號……我只想把我所看到的種種問題，用小說的形式寫了出來。」

她的第一篇「問題小說」是連載於一九一九年九月十八日至廿二日《晨報》上的《兩個家庭》。在這篇文章發表時，她才第一次用「冰心」作爲她的筆名。

用冰心爲筆名。一來是因爲冰心兩字，筆畫簡單好寫，而且是瑩字的含義。二來是我太膽小，怕人家笑話批評；冰心這兩個字，是新的，人家看到的時候，不會想到這兩個字和謝婉瑩有什麼關係。

冰心的《兩個家庭》否定了封建官僚舊式家庭培育出來的嬌縱的女子，她們游手好閑，不事家政，影響丈夫的事業，摧殘丈夫的身心。冰心讚揚的是接受新式教育的賢妻良母主義。正如她說過的：「……看到或聽到『打倒賢妻良母』的口號時，我總覺得有點逆耳刺眼」。這篇小說的反映還是平平的。可是接下去的三篇問題小說卻把冰心作爲一個有影響的作家「豎」了起來，——在一九一九年內，她還寫了另外三篇問題小說：《斯人獨憔悴》、《秋風秋雨愁煞人》和《去國》，反響強烈，奠定了冰心作為新文學作家的不容忽視的影響。

《斯人獨憔悴》發表於一九一九年十月七日至十一日的《晨報》上。寫的是一場具有時代意義的父子衝突，它反映了被頑固的父親所禁錮，而不能參加愛國學生運動的青年的苦惱。小說發表了一個星期，在北京《國民公報》的《寸鐵欄》中就有短評說：「我的朋友在《晨報》上看見某女士作的《斯人獨憔悴》那篇小說，昨日又看見本報上李超女士的痛史，對我蹙眉頓足罵舊家庭的壞處，我以為壞處是罵不掉的，還請大家努力改良，就從今日起。」但是更大的影響在於小說發表不到三個月，小說就被學生劇團改編為話劇在舞臺上演出。據《晨報》一九二〇年一月十三日的止水的《觀學生團演劇的私論》中告訴我們，從一九二〇年一月九日，學生團在北京新明戲院上演，第一天演出的第一個劇目就是《斯人獨憔悴》。該評寫道：

> 《斯人獨憔悴》是根據《晨報》上冰心女士的小說排演的，編制作三幕，情節也都不錯，演的也好，……這劇裡明明演的「五四」的故事。

學生劇團所以將小說改編為話劇上演，是因為當時不少青年都處在與作品中的穎銘、穎石兩兄弟的同樣處境，遇到了類似的父子之間的保守與革新的矛盾與衝突。

冰心的《秋風秋雨愁煞人》被冠以「事實小說」的頭銜發表，作品寫了淑平、英雲、冰心三個同班好友的不同的命運。淑平不幸病逝。英雲在中學畢業後被迫和一富家子結婚，過著她所不願過的「少奶奶」的生活。小說以此強調：「你以爲肉體死了，是一件悲慘的事情，卻不知希望死了，更是悲慘的事呵！」英雲給冰心的「訣別信」中寫道：「敬愛的冰心呵！我的心中滿了悲痛，也不能多說什麼話。淑平是死了，我也可以算是死了。只有你還是生龍活虎一般的活動著。我和淑平的責任和希望，都並在你一人的身上了。你要努力，你要奮鬥……你要記得我們的目的是『犧牲自己服務社會』。」在這秋雨潺潺秋風瑟瑟的淒清中，讀這封悲楚欲絕的信，怎麼不令人感到「秋風秋雨愁煞人」呢？

冰心在一九一九年十一月廿二日至廿六日，在《晨報》發表小說《去國》，《去國》中的青年主人公英士在美留學七年，名列前茅。他學成歸國，很想施展抱負：「中國已經改成民國了，雖然共和的程度還是幼稚，但是從報紙上看見說袁世凱想做皇帝，失敗了一次，宣統復辟，又失敗了一次，可見民氣是很有希望的。以我這樣的少年，回到少年時代大有作爲的中國，正合了『英雄造時勢，時勢造英雄』那兩句話。我何幸是一個少年又何幸生在少年的中國，親愛的父母姐妹！親愛的祖國！我英士離著你們一天一天的近了。」可是回國以後，冷酷的現實將他的熱情的理想擊成碎片；他株守半年，一事無成，反倒要他拋卻眞才實學，去學那奴顏婢膝的行爲。他堅決不肯隨波逐流，沾染惡習，最後只好再次「去國」。他痛苦地喊出了：「可憐呵！我的初志，決不是如此的，祖國呵！不是我英士棄絕了你，乃是你棄絕了我英士呵！」

文章發表僅一星期，《晨報》上就刊登了鵑魂投稿的《讀冰心女士的〈去國〉的感言》的長文，在《晨報》上發如此篇幅的文章還不多見。這篇感言傾訴了不少留學生歸國後種種慘痛的際遇，然後說：

> 所以我對於這篇《去國》，我決不敢當他是一篇小說，我以爲他簡直是研究人才問題的一個引子。我所說的，並不是藉此發自己的牢騷，吐吐個人的酸氣，不過是把我所曾經見過的事實，合那現在社會的狀況，大聲急呼，痛哭流涕的寫出來，大家作爲研究這國家人才根本問題的材料罷了！我想這位冰心女士，做那篇《去國》的時候，一定也有無限的懷抱！所以才做得那樣的沉痛，那樣的懇切，也是具有醒世的苦心！所以我很希望閱者諸君，萬勿當作普通小說看過就算了，還要請大家起來研究研究才好。

上文所提到的《秋風秋雨愁殺人》雖然沒有在報章上見到評論，但卻收到了「讀者來信」，那是冰心的一位老同學，她在信中寫道：「從《晨報》上讀尊著小說數篇，極好，但何苦多作悲觀語，令人讀之，覺滿紙秋聲也」。於是冰心趁回答老同學的信時寫出了一篇「副產品」

——雜感：《我做小說，何曾悲觀呢？》趁此也表白了自己寫問題小說的初衷：

……至於悲觀兩字，我自問實在不敢承認呵。

……我做小說的目的，是要想感化社會，所以極力描寫那舊社會舊家庭的不良現狀，好叫人看了有所警覺，方能想去改良，若不說得沉痛悲慘，就難引起閱者的注意，若不能引起閱者的注意，就難激動他們去改良。何況舊社會舊家庭裡，許多眞情實事，還有比我所說的悲慘到十倍的呢。

說她悲觀，其實是並不確切的。實際上是「憂國憂民」的思想襲上冰心的心頭；而與此同時，一股濃重的「憂患意識」也席捲當時青年的心域，冰心可說是與青年們「心心相印」。當時的有爲青年不僅在認眞地考慮祖國的前途，而且也在嚴肅地思索自我的「存在價值」。這時冰心因《我做小說，何曾悲觀呢？》這篇「雜感」，又引發出她用小說爲自己素描了一幅自畫像，我們在這幅畫像可以一睹當年冰心的「心靈的寫眞」。但是這幅「自畫像」正巧又觸動了當時青年的心，覺得在其中也能看到自己的身影。

這篇小說題爲《一個憂鬱的青年》。這個青年名叫彬君，彬君豈非冰心的諧音？彬君原是一個性情活潑的青年，但近一年來卻顯得憂鬱靜寂，同學們都認爲他已變成了一個悲觀主義者。可是當「我」去叩探彬君的心靈秘密時，才知道彬君並不是什麼悲觀主義者。彬君說：

有憂鬱性的人和悲觀者是大不相同的，「我想悲觀者多是閱世已深之後，對於世界上一切的事，都看作灰心絕望，思想行爲多趨消極；憂鬱性是入世之初，觀察世界上的一切事物，他的思想，多偏於憂鬱，然而在事業上，卻積極進行。」原來彬君是受了五四時潮的衝擊，腦海裡產生了種種問題，使他終日不可平靜。他外表是孤寂沉思的，內心卻洶湧著巨大的感情的潛流。彬君對「我」說：

從前我們可以說都是小孩子，無論何事，從幼稚的眼光看去，都不成問題，從去年以來，我的思想大大的變動了，也可以說是忽然覺悟了。眼前的事事物物，都有了問題，滿了問題，比如說：「爲什麼有我？」——「我爲什麼活著？」——「爲人麼念書？」下至穿衣，吃飯，說話，做事，都生了問題，從前的答案是：「活著爲活著」——「念書爲念書」——「吃飯爲吃飯」不求甚解，渾渾噩噩的過去，可以說是沒有眞正的人生觀，不知道人生的意義，———現在是要明白人生的意義，要創造我的人生觀，要解決一切的問題。所有的心思，都用到這上面去，自然沒有工夫去談笑閑玩，怪不得你們說我像一個「方外人」了。

小說中的「我」婉勸彬君：「即或是思索著要解決一切的問題，也用不著終日憂鬱呵。」

這又引起彬君的一席話，比前面這一段話有更深的發揮，從而也使我們藉此更了解冰心的內心世界：

……世界上一切的問題，都是相連的。要解決個人的問題，連帶著要研究家庭的各問題，社會的各問題。要解決眼前的問題，連帶著要考察過去的現實，要想像將來的狀況。——這千千萬萬，紛如亂絲的念頭，環繞著前後左右，如何能不煩燥？而且「不入地獄，不能救出地獄裡的人。」——「不喪失生命，不能得著生命。」不想問題便罷，不提出問題便罷，一旦覺悟過來，便無往而不是不滿意，無往而不是煩惱憂鬱。先不提較大的事，就如鄰家的奴婢受虐，婆媳相爭。車夫終日奔走，不能養活一家的人。街上的七歲孩子，哄著三歲的小弟弟；五歲的女孩兒，抱著兩歲的小妹妹。那種無知，痛苦，失學的樣子；一經細察，眞是使人傷心慘目，悲從中來，再一說，精神方面，自己的思想，夠不夠解決這些問題是一件事；物質方面，自己現在的地位，力量，學問；能不能解決這些問題，又是一件事。反覆深思，怎能叫人不憂鬱！

《一個憂鬱的青年》不算是一篇成熟的小說，但重要的是通過彬君的自我剖白，它像一個聽診器一樣，讓我們清晰地聽到了冰心的心音。而她的心音又正好與當時青年的脈搏的跳動是合拍的。因此又觸動了當時青年的心。這正是一股「憂患意識」加「以天下爲己任」的時潮在文學作品中的反映。

彬君說要「奮鬥」。而冰心也和同時代的青年們在全身心地「奮鬥」著。冰心寫道：「我抱著滿腔的熱情，白天上街宣傳、募捐，開會，夜裡就筆不停揮地寫『問題小說』……」除了上述的有關社會問題的小說之外，冰心還比較集中地寫另外兩種題材的問題小說：一種是軍閥混戰導致民不聊生的小說；另一種是反映勞工問題，憐念貧病，關懷疾苦。這些小說雖還稱不上精品，但它們的影響是不可低估的。它們已使冰心躋身於國內名流的行列。這躋身於全國名流的行列的標幟可以以一九一九年十二月一日《晨報》創刊一周年，刊出的《晨報周年紀念增刊》爲證。在這一特刊上，共刊登了四篇文章。第一篇是胡適的《周歲》，第二篇是冰心的《晨報……學生……勞動者》，第三篇是魯迅的《一件小事》，第四篇是周作人（起明）的譯稿《聖處女的花園》。冰心當時還是一位不滿二十歲的女青年，能與鼎鼎大名的學者和作家胡適以及周氏兄弟共享這塊版面，實在是莫大的榮幸。在這篇文章中冰心是從《晨報》的「晨」字談起，歌頌能享受晨曦和朝陽的學生和勞動者。用現在的話說，是歌頌「上學族」和「上班族」。在清晨，只有他們才是「喜喜歡歡，勤勤懇懇的起身做自己的事業……除了你們，別人也不能享受這明耀的朝陽、清新的空氣。」冰心將學生和勞動者視爲「今日國家和世界的主人翁，進化潮流的中心點」。

正因爲冰心對勞工勞農充滿著敬意，所以當一九二〇年北方五省受到嚴重旱災烤炙時，冰心全身心地投入賑災工作。當時燕京大學青年會編印了一本《賑災報告》集。這個集子的《發刊詞》就是出自冰心的手筆。她寫道：

> 我們爲甚麼要刊行這本報告書呢？因爲要紀念燕京大的學生——我們的同學，半年以來，服務北方五省一千五百萬災黎的工作。實地服務的工作，不單是發幾句悲憫的言詞，揮幾行同情的眼淚；或是散放幾斗的糧米，捐助幾塊的金錢，就完了事的。是要完全的拋擲自己在他們中間，分擔他們的憂患，減少他們的疾苦，牽扯他們到快樂光明的地上來。

「完全的拋擲自己在他們中間」，這就是冰心和許多同學的救災心願和行動準則。在募捐賑災中，她們演出了比利時著名作家梅德林克的劇本《青鳥》，「劇本是我從英文譯的，演員也是我挑的，還到培元女子小學，請了幾個小學生，都是我在西山夏令會裡認識的小朋友。」她們將義演所得，都用於賑災。據冰心回憶，這一晚的演出的收入就有一千二百多元，這在當時可說是一個大數目了。

他們還在一九二〇年十二月十八日舉行救災大會，會後上街勸募。冰心在《旱災紀念日募捐記事》一文中詳述了這次與風沙搏鬥而取得戰果的勸募活動。

> 這時街上布滿了學生，都揮著旗子，抱著罐子，走過北河沿一帶，街上有許多的

行人，都胸前掛著紀念章，隨風飄展著。穿過天安門，看見不少學生，四下了望著，又追著車兒奔走，我心中不禁起了一種異樣的感覺，這是可喜的現象呵！幾十年或十幾年的中國，有幾個豐衣足食的人，肯在朔風怒號的街上，替災民奔走呢？

冰心還走了好幾個學校去募捐，在「孔德學校」中，她正在對幾個學生作勸募談話時，「有一女校役，提著茶壺走過，誰也沒有注意她和她說甚麼勸捐的話，她忽然自己站住了，往裡投了一個銅子，『大家都是苦人呵！』她說著嘆了一口氣自己走了。我們連忙追上她，恭恭敬敬的送她一個紀念章，我們注目看她，半天——」直到回校之後，冰心還在想著：「咳！孔德學校的一個銅子，女高附小的幾百個銅子！這價値是自有金錢歷史以來未有的價値！」

在《旱災紀念日募捐記事》，翔實地描寫了當時的青年，包括冰心在內，都滿腔熱情地將「拋擲自己在他們中間」去。在冰心所寫的《女校紀事》中有一節《望都縣的賑濟所》，就是寫她們如何使用演劇所得的款項：

我們募得了這些款項，如何能直接用在災民身上，方不負買票諸君的熱心呢！我們拿定了主意，對於災民是要犧牲到底的，所以我們費了許多的周折，找著了望都縣——保定道內一個災區——爲我們設立賑濟所的地點，我們在那裡親自管理，親自授以普通知識……現在我們有二百零八個孩子，今年麥秋若仍是不好，我們還要接續辦呢！

像這樣的演戲籌款從事社會善舉的事實，在冰心的大學生活中是有過多次的，而且成績也極好。特別値得在這裡一提的是冰心在一九二二年底於協和醫學校禮堂演出莎士比亞喜劇《無風起浪》的那一次。「這次演劇籌款似乎是我們要爲學校附近佟府夾道的不識字的婦女們，義務開辦一個『注音字母』學習班。自治會派我去當校長。……就意味著把找『校舍』……招生、請老師……都由我包下來。這一切，居然都很順利。開學那一天，我去『訓話』，看到講臺前坐的都是中年婦女。」爲什麼這次演出更値得一提？這是因爲魯迅和愛羅先珂都去看戲了，還引出了文壇上的一場公案來，冰心回憶道：

那時我們最熱心的就是做社會福利工作，而每興辦一項福利工作，都得「自治會」自己籌款。最方便而容易的，就是演戲賣票！我記得我們演過許多莎士比亞的戲，如《威尼斯商人》、《第十二夜》等等，那時我們英文班裡正讀著「莎士比亞」，美國女教師們都十分熱心地幫助我們排練，設計服裝、道具等等，我們演得也很認眞賣力，記得有一次魯迅先生和俄國盲詩人愛羅先珂來看過我們的戲——忘了是哪一齣——魯迅先生寫過文章說我們演得比當時北京大學的某一齣戲好得多，因此他和北大同學還引起一番爭論，北大同學說愛羅先珂先生是個盲人，怎能「看」出戲的好壞？……我也不知道魯迅先生是從哪一位同學手裡買到戲票的。

只要查一查《魯迅全集》就能知道魯迅先生批評的是當時北京大學的學生魏建功（後來此人成爲一位語言學家）。一九二三年一月六日，愛羅先珂在《晨報附刊》上發表了一篇《觀北京大學學生演劇和燕京女校學生演劇的記》。冰心已記不清當時演的什麼劇目了，但是從愛羅先珂的文章中我們知道是演的莎翁的《無風起浪》。愛羅先珂的文章的譯者是鼎鼎大名的魯迅。愛羅先珂批評北大的學生演西洋劇是學的裝腔作勢的「優伶」的樣子，雖然演出的《黑暗之力》的內容要比燕京女校的《無風起浪》要好得多，但卻談不上是「藝術」。而冰心她們的演齣戲卻得到了高度的評價。愛羅先珂說：「看了這演劇，要我們想像出無論什麼時候，總是動得像山上的激流，在喜悅，在悲哀，都沒有限量，愛好音樂，而充滿著美……在舞臺上扮演的人們，是愛好眞藝術，想竭了自己所理解的能事，將他表現出來，卻是毫無可疑的事。」愛羅先珂還談到女學生善於用風琴的演奏來烘托劇場的氛圍：「我在東洋，還沒有聽到過這樣好的Organ（風琴）呢。女學生諸君憑了這Organ以及美的西洋的音樂，造成了劇場似的空氣，將美的難忘的藝術印象，給與我了。這是我所極感謝於女學生諸君的。」我們可以想像，演劇的成功，除了愛羅先珂所說的女學生不屑於學那種矯揉造作的優伶的樣子以外，還有一個重要之點是當時一批從歐美來的女教師的導演水平是與世界的演劇水準「

接軌」的。這一公案的下文可以看《魯迅全集》第八卷《集外集拾遺補編》中的《看了魏建功君的〈不敢盲從〉以後的幾句聲明》，和「附錄」魏建功《不敢盲從！——因愛羅先珂先生的戲評而發生的感想》。這一公案從另一個角度說明了冰心當年對社會福利事業的高度熱忱。從她的文章中我們還知道她還辦過爲失學兒童所辦的免費義務的「半日學校」。冰心不但是一個寫作「問題小說」的憂鬱的青年，她也是一個行動者，身體力行者。她的確實現了她所寫的「拋擲自己在他們中間」去的誓言。有些文學史家說她是「閨秀作家」，是缺乏根據的而不顧事實的「想當然」了。

第三章　春水潺潺流向小小心田

可以這樣說：作爲一個人，冰心是與二十世紀同年降臨於人間；而作爲一位作家，冰心是與「五四」運動同年誕生。也可以這樣說：冰心是幾乎一步躍上文壇的，而且很快地進入了「成熟期」——這裡的所謂「成熟期」，應該作如是理解：她很快脫離了學步的「學生腔」，人們很快忘懷，發表她的文章大概是對一位年輕的女學生的破格「培養」；事實已發展到如此地步：能得到她的投稿，是某一報刊的一種「喜悅」，我還暫時不用「光榮」這樣的字眼；她已躋身於作家——新文學作家的行列而毫無愧色，而且她以自己的才華受到同行們和讀者們的好評與敬佩。只要先說兩件小事，就足以證實我的評斷毫不誇張。

冰心於一九二一年四月，在《小說月報》發表了短篇小說《超人》，一九二二年一月一日起至一月廿六日，冰心又在《晨報副鐫》上發表小詩《繁星》，那時她是一位大學二年級的學生。可是在大學中的一位名教授就在講臺上讚譽這些小詩和小說，並作爲作品的範例，在新文學課上進行講評與分析。這位教授就是當時活躍於學術界和文壇的周作人。他在講臺上大講一位叫作「冰心」的作家的佳作，而在講臺下有一位叫作「謝婉瑩」的學生卻低著頭、紅著臉在聽。而這位周作人教授卻還不知道冰心的學名就叫謝婉瑩。「紅著臉聽」一方面當然是內心的興奮，而更多的成分是出於冰心的謙遜——謙遜是冰心為人的終身的品格。所以當年有人遇到這位年輕的女學生而說「久仰大名」時，她不僅會臉紅，而且甚至會有些反感。

很快，冰心的作品不僅出現了盜版書；不久，還出現了冒名作。她全權委託訂約出版她的作品的北新書局求訴於法律，可是呈文上去之後，「禁者自禁，出者自出」。「逼」得她萬不得已，於一九三二年就出版她自己的「全集」，以便使愛讀她的作品的讀者「驗明正身」。

這兩件小事不過是兩段小插曲。她的「一帆風順」的傳記還得正常敘述下去。

一九二一年一月，冰心列名於中國新文學界成立最早、也是最大的一個文藝社團——文學研究會。在文學研究會成立之際，事先冰心並未知曉，也沒有主動報名要求參加。是她燕大的學長，也是與她一起編輯《燕大季刊》的文友許地山和瞿世英，根據她的創作成就以及她平時的文藝觀，決定先替她報了名。是他們先為她作了推薦，而後才得到她的認可的。一月四日在中央公園來今雨軒的成立大會她也沒有參加。在七十一年之後，冰心回憶當時的情況時說：

我之所以成為文學研究會的會員，是我的燕大同學許地山和瞿世英替我簽上名。

事前並沒有通知我！文學研究會在中央公園來今雨軒開會的時候，會員中如葉聖陶先生，周作人先生等，都是我的長輩，我實在沒有膽子去參加。

文學研究會的探求人生的宗旨，冰心是十分贊同的。自「五四」以後她就是一位「人生派」，她一直努力地探求人生的眞諦。「一個憂鬱的青年」實際上即是「一個探求的青年」。她雖然沒有參加當時文學研究會的一些活動，但是她用自己的筆，顯示自己是一位非常積極的文學研究會的會員：冰心在文學研究會主辦的《小說月報》第十二卷第一期（這是文學研究會接編革新後的《小說月報》的第一期）上發表了被稱爲「美文」的《笑》，又在同年第四期上發表了影響很大，甚至在以後被稱爲是冰心的代表作的《超人》。

就在冰心在創作道路上一帆風順地前行時，一件她自己意想不到的事提到了她的面前：

在醫預科的末一年，有一天，我們的班導師忽然叫我去見他。在辦公室裡，他很客氣的叫我坐下，婉轉的對我說，校醫發現我的肺部有些毛病（肺氣枝漲大——引者注）學醫於我不宜，勸我轉系。這眞是一個晴天霹靂！我要學醫，是十歲以前就決定的。……如今功虧一簣！從班導師的辦公室裡走出來的時候，我幾乎是連路都走不動了。

當時雖然是覺得「晴天霹靂」，可是事後回顧，冰心就客觀得多了。她事後是這樣說的：

我寫得滑了手，就一直寫下去，寫作占用了我大部時間，我的理科的功課就落後了一大截。因爲白天出去作宣傳，實驗室的實驗功課又欠了不少，那是無法補上的。在我左顧右盼之頃，在我周圍的人們勸說之下，一九二一年，在理預料畢業之後，我改入了文本科，還跳了一班。

在當時勸慰和爲她出主意的人中就有一位她的同班同學——後來成爲名醫的林巧稚大夫。作爲她信任的大姐，林巧稚安慰她說：「可惜的很，像你這麼一個溫和細心的人，將來一定可以做個很好的醫生，不過假如你自己身體不好，學醫不但要耽誤自己，也要耽誤別人。……人生的路線，曲折得很，塞翁失馬，安知非福？——你素來對文學就極感興趣，我常常覺得你學醫是太可惜了。」

對這樣一段既有同情，又有指引與鼓勵的委婉的勸告，誰能不口服心服？冰心事後不僅多次以感激的心情回顧這席談話，還將林巧稚大夫的「塞翁失馬」發揮成另外四個字，那就是「歪打正著」。既然是「著」！那就是承認自己當年的重新抉擇是擇對了的。如果她不去重新抉擇，讀者倒是難於想像的。他們會問，冰心爲什麼是一位醫生，而不是一位作家？好像她降生於世是非要做作家不可的，她非得如此「正著」不可。她的「棄理（醫）從文」是非常符合她的個性與天才的。

冰心在當時不僅已經寫出了許多「問題小說」，而且還寫了若干「獨白散文」，在這位少女的「獨白散文」中我們看到了這顆探求的心是應該繼續探求下去的。冰心寫「問題小說」是爲了探求人生，而寫「獨白散文」時，更顯出她要在更高層次上的人生探求——探求那人生的哲理，哲理的人生。例如在一九二〇年八月三十日至九月六日，這八天中冰心一連寫了三篇「獨白散文」——《遙寄印度哲人泰戈爾》、《「無限之生」的界線》和《畫——詩》。

在《遙寄印度哲人泰戈爾》中，冰心把這位印度作家的飽蘊哲理的文學作品，視爲自己的「知己的啓蒙老師」：

你的「宇宙和個人的靈中間有一個大調和」的信仰，你的存蓄「天然的美感」，發揮「天然的美感」的詩詞；都滲入我的腦海中，和我原來的「不能言說」的思想，一縷縷的合成琴弦，奏出無調無聲的音樂。

冰心經過泰戈爾的「點化」，像火種之點燃了蠟炬，於是迎來了光明；僅只是捅穿了薄薄的一層翳障，於是迎來了輝煌。冰心不僅確立了用「天然的美感」來陶冶自己的心靈美，而且堅信應該用自己的美的心靈去擁抱宇宙萬物。以這個「大調和」來追求人生的完美的。這就是萌生冰心的「愛的哲學」的觸媒。泰戈爾不僅點撥冰心的心中久存而不能表達清楚的「信仰」，而且在詩歌的內容與形式上對她有所啓迪。在一九七九年冰心回憶說：

我接觸泰戈爾的著作，是在一九一九年「五四」運動以後，我從中文和英文的譯本中，看到了這位作家的偉大的心靈，縝密的文思和流麗的詞句，這些都把我年輕的心抓住了。我在一九二一年以後寫的所謂「短詩」的《繁星》和《春水》，就是受著他的《離群之鳥》（The Stray Bird）這本短詩集的啓發。

於是冰心在中國新詩壇上開啓了一個小詩的時代。泰戈爾的《離群之鳥》像一座鑽機，在它的轟鳴鑽探下，冰心發現了自己心靈深處的一座詩的礦藏。她在讀書時遇到有什麼思想的閃光，就喜歡在書楣上三言兩語、歪歪斜斜地寫上三行五句。有時還和弟弟們交流交流。而當她將泰戈爾的《離群的鳥》與弟弟們分享時，弟弟們說，姐姐，這樣說來，你平時有時講的話不也就是詩了嗎？

我心裡一動，我覺得我在筆記本的眉批上的那些三言兩語，也可以整理一下，抄了起來，在抄的時候，我挑選那些更有詩意的，更含蓄一些的，放在一起，因爲是零碎的思想，就選了其中的一段，以繁星兩個字起頭，放在第一部，名之爲繁星集。

「繁星閃爍著——／深藍的太空，／何曾聽得見它們對話？／沉默中，／微光裡，／它們深深的互相頌讚了。」

「童年呵！／是夢中的眞，／是眞中的夢，／是回憶時含淚的微笑。」

《繁星》集就這樣開始了。這一百六十四首短詩的《繁星》的最後一首是：「我的朋友！／別了，／我把最後一頁，／留與你們！」多麼聰明的一首詩呵！她把泰戈爾給她的啓迪要與青年朋友們均分。她好象對青年朋友們說，他有，我有，難道你沒有？她給每一位《繁星》的讀者，都留下了這「最後的一頁」，無怪小詩會在中國風靡一時。

《繁星》的成功，使冰心更有自信地寫了《春水》。《春水・自序》抒唱道：「母親呵！／這零碎的篇兒／你能看一看麼？／這些字，／在沒有我以前，／已隱藏在你的心懷裡。」這首《自序》是錄自《繁星・一二〇》，又顯示了《春水》是《繁星》的續篇。

「春水！／又是一年了，／還這般的微微吹動。／可以再照一個影兒麼？……」《春水》就是這樣潺潺地流向讀者的心田。而這一百八十二首的短詩集的《春水》的最後一首是：「別了！／春水，／感謝你一春潺潺的細流，／帶去我許多意緒。／向你揮手了，／緩緩地流到人間去罷。／我要坐在泉源邊，／靜聽回響。」如果說，《繁星》留給讀者的僅是「最後的一頁」，那麼《春水》留給讀者的是「汪洋的一片」了。而這回響就是進入了小詩的中國流行期。詩壇上湧現出一批被稱之爲「春水體」的小詩。例如後來是北京大學著名教授的美學家宗白華，當年就在《學燈》上發表小詩《流雲》。他在《流雲・小序》中寫道：「讀冰心女士《繁星》詩。撥動了久已沉默的心弦。成小歌數首，聊寄共鳴。（一九二二）四月十八日晨。柏林。」周作人在《論小詩》一文，論及冰心的《繁星》時指出，「其後輾轉模仿的很多」。

在冰心的「春水體」的小詩風靡一時時，冰心的另一篇小說《超人》也爲青年們所看重。《超人》是冰心在更高層次探求人生的產兒，那就是說，世界上既然存在這麼多的問題，那麼要解決這些問題的總根——鑰匙——是什麼？冰心的回答是「總根在愛」。自然界的陽光與雨露就是愛，而人間的雨露與陽光是什麼呢？那就是人性的愛，世界也要靠愛來締造。她的《超人》就是一篇「愛的宣言」。

在很長的一段時間內，都將冰心的「愛的哲學」作爲批判對象，甚至還要冰心作自我批判。但爲什麼不去批判魯迅在一九一九年十一月發表的《我們現在怎樣做父親》時說的：「所以我現在心以爲然的，便只是『愛』。」同年魯迅在《與幼者》中還說過：「將來……只有愛依然存在——但是對於一切幼者的愛。」直到一九二七年十二月，魯迅在文章中還堅持說：「創作總根於愛。」能愛才能憎，能愛能憎才能文。魯迅的這些意見是對的。冰心的創作總根於愛是完全可以理直氣壯地肯定與宣揚的。

其實《超人》也不是一篇「一般意義上」的小說。這篇小說裡有著一位年輕的女詩人的「詩魂」。短篇的主人公何彬是個冷心腸的青年，他在「五四」落潮以後感到很失望，成了一個悲觀頹喪者，認爲：「世界是虛空的，人生是無意識的；……而且尼采說得好，愛和憐憫都是惡……」。何彬之所以成爲何彬，是因爲他的「理想」的頭顱碰在「現實」的釘子之上，受了心靈的重傷，成了一個冷心腸的青年。但是他在作跑街的童工祿兒的「幫助」下，在夢中見到像天使般的母親的感召下，終於自我懺悔。他給祿兒的回信中說：

　　我再深深的感謝你從天眞裡指示我的那幾句話。小朋友呵！不錯的，世界上的母親和母親都是好朋友，世界上的兒子與兒子都是好朋友，都是互相牽連，不是互相遺棄的。

　　……

　　我是冒罪叢過的，我是空無所有的，更沒有東西配送給你，——然而這時伴著我的，卻是悔罪的淚光，半弦的月光，燦爛的星光。宇宙間只有它們是純潔無疵的。我要用一縷柔絲，將淚珠兒穿起，繫在弦月的兩端，摘下滿天的星兒來盛在弦月的圓凹裡，不也是一籃金黃色的花兒麼？它的香氣，就是悔罪的呼籲的言詞，請你收了罷。只有這一籃花配送給你！

可見，《超人》是一篇抒情性很強的小說，它是靠詩情畫意編織而成的。它的生活容量並不大，而它的哲理的內涵卻是經過作家再三琢磨的。她將自己信奉的「愛的哲學」用詩的格言凝固起來：世界上的母親和母親都是好朋友，世界上的兒子和兒子都是好朋友……。它用一只想像中的而非世上實有的花籃，回贈給小朋友祿兒。這只花籃是一幅幻想中的畫面所組成的。我們說有一位女詩人的「詩魂」在字裡行間徘徊是不錯的。小說發表後也的確感動了當時的青年。首先就感動的第一位讀者，那就是《小說月報》的編輯茅盾。他用冬芬爲化名在小說的後面，加了一個「附注」（而非編者按）：「雁冰把這篇小說給我看過，我不禁哭起來了！誰能看了何彬的信不哭？如果有不哭的啊，他不是『超人』，他是不懂吧！」

在《超人》這篇「愛的宣言」之前，冰心已經發表過一篇「獨白散文」《「無限之生」的界線》。她在這篇散文中和她的已死的好友宛因之魂有著長長的對話。但這位宛因實際上是冰心的學名婉瑩的諧音。實際上是冰心將自己「一分爲二」地進行了自問自答的「獨白」：

我就是你，你就是我，你我就是萬物，萬物就是太空：是不可分析，不容分析的。這樣——人和人中間的愛，人和萬物，和太空中間的愛，是曇花麼？是泡影麼？那些英雄，帝王，殺伐爭競的事業，自然是虛空的了。我們要奔赴那『完全結合』那個事業，難道也是虛空的麼？去建設『完全結合』的事業的人，難道從造物者看來，是如同小蟻微塵麼？」我一句話也說不出來，只含著快樂信仰的珠淚，抬頭望著她。她慢慢的舉起手來，輕裾飄揚，那微妙的目光，悠揚著看我，琅琅的說：「萬全

的愛，無限的結合，是不分生——死——人——物的，無論什麼，都不能抑制摧殘他，

你去罷，——你去奔那『完全結合』的道路罷！」

如果說《超人》是一篇「愛的宣言」，那麼《「無限之生」的界線》等「獨白散文」就是冰心「愛的哲學」的萌芽了。冰心的「愛的哲學」作爲青少年教育中的一種最基本的道德規範，是不可或缺的。我們的這樣一個結論已經經過了七十年的歷史的考驗的了。

一九二三年，冰心即將結束她的忙碌而熱鬧的大學生活。作爲一個學生，冰心是出類拔萃的好學生，作爲一位作家，冰心是光彩奪目的優秀作家。在她的一帆風順和歪打正著的生活道路上，又有一樁幸運的事情降臨到她的頭上來：在她畢業的那年的春季，她的英語教師美國人包思貴告訴她：美國的威爾斯利女子大學已決定給她兩年的獎學金，讓她到美國去讀碩士學位。當時燕大女校已與美國威爾斯利女子大學結爲姐妹學校。燕大女校中已有包思貴等幾位威爾斯利女子大學的畢業生。包思貴女士還給冰心的父親寫了信，徵求冰心父親的意見。她父親也很客氣地回信說，只要包先生認爲女兒不會辜負母校的栽培，他是同意女兒到美國去深造的。

這時冰心也忙於做畢業論文。她的畢業論文的題目是《元代的戲曲》，指導教師是周作人。冰心是抱著什麼動機選擇這個題目的呢？她說，我想自己對元代的戲曲很不熟悉，正好

趁著寫論文的機會，讀些戲曲和參考書。她將自己的論文的大綱交給周先生。這大綱大致分爲如下的八個部分：㈠元曲的分類，㈡元曲的淵源，㈢元曲的作家，㈣元曲的結構，㈤元曲的腳色，㈥元曲的思想，㈦元曲的藝術，㈧元曲與新文學。也許是周作人對這位學生的能力的信任，他審閱後一字也沒有改動，就退還給冰心，說「你就寫吧」。後來交上去的論文也很順利的通過了。現在看來，特別是最後三個部分，價值最高，因爲它融合了冰心的許多文學見解和藝術欣賞的準則。

冰心是以優異的成績畢業於燕京大學的。她獲得了金鑰匙——「斐托斐」（Phi Tau Phi）名譽學位——的獎賞。一九二三級的《同級錄》的《序》是出自冰心的手筆。她寫道：

這幾十個青年，從天南，從地北，自山陬，自海隅，不偶然的偶然聚到一處，不期然而然的一同站有「一九二三」的班旗之下，「一九二三」這四個字，無條件的使這幾十個青年，觸目驚心。爲著這四個字，使大家合攏來，禍福與共，憂樂相關。「天實爲之！」這是極平常的事情呵！是非常的平常，也更是平常的非常。

……在「仁愛與和平」裡（這五個字是一九二三級的級訓——引者注），我們攜帶著同一的使命，奔向著同一的前途。塡崎嶇爲平坦，化黑暗爲光明。爲著要堅誠持守我們的誓願，在分途出發以前，大家同心的慷慨的將影兒聚在一起，互相提醒，互相勉勵，還要印證數十年後，我們三十九人中，是否沒有一個落伍者。……

冰心從燕京大學畢業了，在她面前展現的是波濤洶湧，天水一色的浩翰無垠的太平洋。但冰心的離情別緒也隨著出國的日期的迫近而時時煎熬著她的心。於是她的吐血病又發作了。「我這次的病不消說，是我即將離家的留戀之情的表現。」醫生斷定這仍是肺氣枝漲大，不算什麼大病。那時林巧稚大夫還半開玩笑地對她說：「這是天才病！不要胡思亂想，心緒穩定下來就好。」於是冰心只有靜養了。

冰心得了「戀家症」。而她的弟弟們卻得了「戀姐症」。他們和他們的小朋友再三要求姐姐常給他們寫信。這就是冰心寫那本名垂文學史冊的《寄小讀者》的「靈感」。可是還並沒有到美國，這種「靈感」就提前爆發了。

我們得先來介紹這「靈感」爆發的引線。一九二三年七月廿四日的北京《晨報副鐫》上新闢了《兒童世界》專欄。就在這期「創『欄』號」上有一《記者按語》說：「冰心女士提議過好幾回，本刊上應該加添一欄兒童的讀物。記者是非常贊成的。但實行卻是一件難事。中國近來的學術界，各方面都感到缺人。兒童的讀物，一方需要采集，一方需要創作，但現在那一方都沒有人。因爲沒有人，所以這一件事延擱到今日。從今日起，我們添設兒童世界一欄，先陸續登載周作人先生的《土之盤筵》。……」就在設專欄的第二天，冰心以她的特有的親切溫婉的筆調寫下了《寄小讀者・通訊一》：

似曾相識的小朋友們：我以抱病又將遠行之身，此三兩月內，自分已和文字絕緣；因爲昨天看見《晨報副鐫》上已特闢了《兒童世界》一欄，欣喜之下，便藉著軟弱的手腕，生疏的筆墨，來和可愛的小朋友，作第一次的通訊。

……………

我走了——要離開父母兄弟，一切親愛的人，雖然是時期很短，我也已覺得很難過。倘若你們在風晨雨夕，在父親母親的膝下懷前，姐妹弟兄的行間隊裡，快樂甜柔的時光之中，能聯想到海外萬里有一個熱情忠實的朋友，獨在惱人淒清的天氣中，不能享得這般濃福，則你們一瞥時的天眞的憐念，從宇宙之靈中，已遙遠的付與我以極大無量的快樂與慰安！

……………

這信該收束了，我心中莫可名狀，我覺得非常的榮幸！

那些「似曾相識的小朋友」讀了這位大姐姐的信，他們不僅「發現」了自己身邊的很容易被忽略的幸福，而且對這位離家遠行的「暫時失卻家庭溫慈幸福」的「大朋友」該是多麼的同情啊！於是就出現了這樣一種連鎖反應——從一個家庭的「戀姐症」的擴大爲一個許許多多小朋友的「憐姐情結」。從此幾乎全中國的兒童都承認他們有一位共有的「冰心大姐姐」。甚至不止一代人，都愛戴和信賴這位大姐姐。冰心給一切小朋友的「期待角色」已經在《寄小讀者》中注定的了。《寄小讀者》不僅載入文學史冊，而冰心也通過《寄小讀者》塑造了自己的形象。她是負載著沉甸甸的小小心靈的系願和期盼踏上新大陸的沃土的。

第四章　濾就水晶般清澈襟懷

一九二三年八月十七日下午，約克遜號郵船無數的窗眼裡，飛出許多五彩繽紛的紙飄帶來，遠遠的抛到碼頭上，任憑送別的人牽住紙帶的另一頭，這時的冰心的心是被離情別緒紛擾得何等的凄惻。依依惜別的船上和岸上的人們，僅僅牽著這終於要斷絕的紙帶的兩端，一任這龐然大物，載著沉重的離愁，飄然而去；而船上的青年學子，也一任這碼頭漸漸依稀模糊，眼前只有那天水一色。

到這時，冰心才感到過去自己所說的「爲著人生，我曾自願不住的揮著別淚，作此『弱游』」的「弱游」，已經拉開了序幕。在準備「橫海遠遊」的幾個月中，在她的女性的纖柔敏銳的神經上不堪負荷與忍受的是「離別之苦」。在冰心的融樂和美的家庭中，在這段時日中，父母姐弟之間，當面都作出「最自然」的強顏歡笑，個個都這般「自欺自慰，相欺相慰，無數的忍淚吞聲……」她偶然聽到她的弟弟與小朋友的悄悄對話：「我姐姐走了，我們家裡，如同丟了一顆明珠一般！」這句悄悄話也活活勾畫出她的父母的心情。父親背後的嘆息，母親強忍著淚光，都加深了她的精神上的不堪重負，她爲此偷偷流過淚，甚至吐過血。「幾個月來，我們原是彼此心下雪亮，只是手軟心酸，不敢揭破這一層紙。」可是約克遜號爲她捅破了這層紙。離別終於到來了。這使冰心像進入了夢境一樣的恍惚。因此她只有廣泛的交游，來沖淡神經上的濃濃的離別之情，孤寂之苦。約克遜號要在這茫茫的太平洋上航行半個月，才能抵達彼岸——新大陸——美利堅合衆國。於是冰心與同船的一百多位中國留學生一樣，「竟完全回到小孩子的境地中去了，套圈子，拋沙袋，樂此不疲……」這不完全是爲的消磨日子，更是爲了「沖淡」這濃重的思戀。正在這追求解脫思念之苦，設法減輕沉重的心靈負荷時，命運之神將吳文藻帶到了她的身邊。

冰心在一九九一年寫的《追念許地山先生》一文中回顧道：「就在這條船上，我請許先生去找一位我的中學同學的弟弟吳卓，他卻陰錯陽差地把吳文藻找來了，結果六年之後，文藻和我成了終身伴侶，我們永遠感謝他。」冰心在事隔六十八年之後還深深感謝這位「無心的介紹人」。但這正是中國古諺「有緣千里來相會，無緣對面不相逢」的一次極好的印證。這種「陰錯陽差」似乎會使中國人永遠去拜服自己心目中的「月下老人」。關於此事的詳情，冰心在《我的老伴——吳文藻》中有過一段敘述：

我在貝滿中學時的同學吳樓梅——已先期自費赴美——寫信讓我在這次船上找她

的弟弟、清華學生——吳卓。我到船上的第二天，就請我的同學許地山去找吳卓，結果他把吳文藻帶來了。問起名字才知道找錯了人！那時我們幾個燕大的同學正在玩丟沙袋的遊戲，就也請他加入。以後就倚在船欄上看海閑談。我問他到美國想學什麼？他說想學社會學。他也問我，我說我自然想學文學，想選修一些英國十九世紀詩人的功課。他就列舉幾本著名的英美評論家評論拜倫和雪萊的書，問我看過沒有？我卻都沒有看過。他說：「你如果不趁在國外的時間，多看一些書，那麼這次到美國就算是白來了！」他的這句話深深地刺痛了我！我從來還沒有聽見過這樣的逆耳的忠言。我在出國前已經開始寫作，詩集《繁星》和小說集《超人》都已經出版。這次在船上，經過介紹認識的朋友，一般都是客氣地說「久仰，久仰」，像他這樣首次見面，就肯這樣坦率地進言，使我悚然地把他作爲我的第一個諍友、畏友！

大學生畢竟不是小孩子，他們在交遊時總要回到成人的世界中來的。同船去留學的對文藝有興趣的梁實秋和顧一樵等人還辦了一張牆報，刊名《海嘯》。冰心給他們寫過稿，也參加他們的座談會。面對稿紙，思鄉愁緒又向冰心襲來。她竟在海上病了。冰心的《惆悵》就是根據病中的一個夢境鋪敘而成的：「那夜夢見母親來，摸我的前額，說，『熱得很，——吃幾口藥罷。』她手裡端著藥杯叫我喝。我看那藥是黃色的水，一口氣的喝完了，夢中覺得是桔汁的味兒。醒來只聽得圓窗外海風如吼，翻身又睡著了。第二天熱便退盡。」這種思念母親成病，又因夢見母親得愈的境況凝成的詩篇，題名《惆悵》：「夢裡的母親／來安慰病中的我，／絮絮地溫人的愛語——幾次醒來，／藥杯兒不在手裡。／海風壓衾，／明燈依然，／我的心／是如何的惆悵——無著！」她又寫了一首《紙船》。詩的構思是將懷念母親的至情寄托於童心復歸的天眞行爲之中：她疊成了許多小小的紙船，拋到大海中去。有的被天風吹捲到舟中，有的被海浪打濕沾在船頭，但她還是樂此不疲地摺疊丟拋：「母親，倘若你夢中看見一只小的白船兒，／不要驚訝他無端入夢。／這是你至愛的女兒含著淚疊的，／萬水千山，求他載著她的愛和悲哀歸去。」

對父親的思念，冰心又是用另一種形態表達出來。在出國前，她父親對她說：「這番橫渡太平洋，你若暈船，不配作我的女兒！」因此她對父親的懷念，不像是思念母親時的那般纖弱，而是有著一種航海家的豪情。冰心等待著風浪的降臨，當風浪的預兆露頭時，她產生了一種「無名的喜悅」，像一個初出茅廬的自信的武士，跳上擂臺，躍躍欲試，以便一顯其身手。風浪君臨時，她看到同伴們在搖晃的海船中反側欹斜，掩口蹙然，面色無主，紛紛散去時，她的心神飛揚，像一個仗劍下龍宮赴宴的武士一樣，登上了船的最高層的甲板。冰心說：「如同準備著去赴海的女神召請去對酌的一個夜宴，又如同磨劍赴敵，對手是一個聞名的健者，而自己卻有幾分勝利的把握。」在她戰勝風浪之後，她很自豪地說：「海已證明了我確是父親的女兒。」冰心在嫵媚中透出一派英氣。

在航行中冰心也將最美麗的文字獻給弟弟和小朋友們。她告訴小朋友們，海水「藍極綠極，凝成一片。斜陽的金光，長蛇般的自天邊直接到欄旁人立處。上自穹蒼，下至船前的水，自淺紅至於深翠，幻成幾十色，一層層，一片片的漾開了來。——小朋友，恨我不能畫，文字竟是世界上最無用的東西，寫不出這空靈的妙景！」

一九二三年八月十九日黃昏，船抵日本神戶。二十日冰心一早就和許多留學生一起上岸。先神戶而橫濱，直抵東京。可惜那天是大雨，坐汽車在雨中遊覽，不僅是「走馬看花」，而且是「霧裡看花」。日比谷公園、靖國神社、博物館等處，皆匆匆一過，倒是遊就館給她留下深刻的印象。那是因爲此館中的「中日戰勝紀念品和壁上的戰爭的圖畫」使冰心「心中軍人之血，如泉怒沸」。她想到祖國的被辱，她想到父親在甲午海戰中的英勇和死裡逃生。她覺得這是一個恬不知恥的、公然歌頌侵略的展覽。這種憤怒的情緒，在給小讀者信中得到了充分的反映：

我自然愛我的弟弟，我們原是同氣連枝的。假如我有吃不了的一塊糖餅，他和我索要時，我一定含笑的遞給他。但他若逞強，不由分說的和我爭奪，爲著「正義」，爲著要引導他走「公理」的道路，我就要奮然的，懷著滿腔的熱愛來抵禦，並碎此餅而不惜。

半個月的舟船生活就這樣豐富多采地度過了。約克遜號上的侍者，完全是中國廣東人。他們在這半個月中，時時爲青年同胞服務，朝夕相處，在分手的前夜惜別時，也想有所表示，有所重托：

這次船中頭等乘客十分之九是中國青年，足予他們以很大的喜悅。最可敬的是他們很關心於船上美國人對於中國學生的輿論。船抵西雅圖之前一兩天，他們曾用全體名義，寫一篇勉勵中國學生爲國家爭氣的話，揭帖在甲板上。文字不十分通順，而詞意眞摯異常，我只記得一句，是什麼：「飄洋過海廣東佬」，是訴說他們自己的飄流，和西人的輕視。中國青年自然也很懇摯的回了他們一封信。

到了西雅圖，大家匆匆下船，冰心在扶橋邊，深情地回眸凝視泊在碼頭上的約克遜號郵船這龐然大物，心中黯然：「從此一百六十幾個青年男女，都成了飄泊的風萍。也是一番小小的酒闌人散。」

冰心從西雅圖而落基山，而芝加哥，這節車是專門爲中國留學生預備的，車上處處是鄉音。可是在向波士頓進發的車上，同伴一個一個的少了。從太平洋西岸繞到大西洋西岸的路程之末，最後火車上只有冰心一個中國人了。正當她更加思念自己的親人和故土時，在波士頓車站上迎接她的是燕大英語教師包思貴女士的父母包老牧師夫婦二人。這使冰心像在異域見了「親人」一樣。包老牧師到北京來看過自己的女兒，冰心也曾陪他逛過北京的名勝古蹟。這次在美國重逢當然分外親切。在威爾斯利女子大學開學之前，冰心就住在包老牧師的家裡。他們待她就好像待自己的兒女一樣慈愛與體貼，還帶她遊覽觀賞了許多湖光山色。總之在美國留學的三年內，逢年過節以及寒暑假，他們都接她回到這個「家」中去度假。他們在伍島有一處避暑的房子，冰心也和他們一起去度過假。凡是《寄小讀者》中篇末寫著「伍島」或「默特佛」的地名的，都是包老牧師一家帶她去的。

一九二三年九月十七日，冰心過起了異鄉的學校生活。作爲研究生，她可以在校外租住宿舍，這樣就更爲自由和方便，但是學校爲了冰心人地生疏，還是將她安排在校內的宿舍裡。冰心住在 Beebe Hall，她將它翻譯爲「閉壁樓」，是個很貼切的女生宿舍的名字。這個樓是閉壁約翰船主捐款所建，因此在廳中，接待室裡，在甬道上都懸掛著海的圖畫。這使冰心非常滿意。她可以再次「讀海」，望著「無風起浪的畫中的海波」思念自己的親人，回憶自己的童年。學校美麗得像一座花園，還有一個微波粼粼的「慰冰」湖，冰心稱「湖」是「海」的女兒。

「我的親愛的人都不在這裡，便只有她——海的女兒，能慰安我了。Lake Waban，諳音會意，我便喚她做『慰冰』。」每日黃昏的游泛，舟輕如羽，水柔如不勝槳。岸上四圍的樹葉，綠的，紅的，黃的，白的，一叢一叢的倒影到水中來，覆蓋了半湖秋水。夕陽下極其艷冶，極其柔媚。將落的金光，到了樹梢，散在湖面。我在湖上光霧中，低低的囑咐它，帶著我的愛和慰安，一同和它到遠東去。

這時在冰心的思念中，不僅僅是親人，還有故土——北京、祖國。「正不知北京怎樣，中國又怎樣了？怎麼在國內的時候，不曾這樣的關心？——前幾天早晨，在湖邊石上讀華茲華斯的一首詩，題目是《我在不相識的人中間旅行》：『直至到了海外，／在不相識的人中間旅行；／英格蘭！我才知道我付與你的／是何等樣的愛。』讀此使我恍然如有所得，又悵然如有所失。……想起北京城裡此時街上正聽著賣葡萄，賣棗的聲音呢！我眞是不堪……」

可是她連這樣不堪的思念的生活也沒有過得平靜，入學只有九個星期，在十一月下旬，冰心的舊病——肺氣枝擴漲——復發，她又吐血了。先是被送到學校中的聖卜生療養院。教師、同學、包括閉壁樓裡的同舍們，都來探視和送花。冰心的病房簡直成了花窖，護士得將許多花移出，以免影響病人的健康。接著，於十二月十五日，她又被送到青山沙穰療養院去住了六個多月。

冰心在去國之前已經初步形成了以母愛、童心、自然爲支架的「愛的哲學」，而這次到青山沙穰療養院中去養病，像進了一所「愛」的學說的進修學院，更加深了她對「愛的哲學」的信仰。在外鄉異國，思念母親已成爲冰心的一門重要的功課。冰心剛在聖卜生療養院住了一星期的時候，就給小朋友寫信道：

我現在正病著。沒有母親坐在旁邊，小朋友一定憐念我，然而我有說不盡的感謝！造物者將我交付給我母親的時候，竟賦予了我以記憶的心才；現在又從忙碌的課程中替我勻出七日夜來，回想母親的愛。我病中的光陰，因著這回想，寸寸都是甜蜜的。

那麼到了青山沙穰，她當更以思念這種愛爲她的日課。至於童心，在這樣的環境中，「只要不誤了三餐和試體溫的時間，你愛做什麼就做什麼，醫生和看護都不來拘管你。正是童心乘時再現的時候，從前的愛好，都拿來重溫一遍。」「病中不必裝大人，自然不妨重做小孩子！」至於自然，她到青山來就是意味著與繁華都市的告別，去與自然相對。每天「以讀書，凝想，賞明月，看朝霞爲日課。有時夜半醒來，萬籟俱絕，皓月中天，翛然四顧，覺得心中一片空靈。」這些病中的女孩子平時都鍛煉她們在走廊上睡覺，睡到天明，雙頰如抵冰塊。重衾如鐵，除自己的骨和肉有暖意外，天上人間四圍一切都凝凍了，連衾單近呼吸處都結成薄冰。掀衾起坐，雪紛紛墜地，薄冰亦迸折有聲。冰心連月下中天的時刻還與自然相對。

今夜林中月下的青山，無可比擬！仿佛萬一，只能說是似娟娟靜女，雖是照人的明艷，卻不飛揚妖冶；是低眉垂袖，瓔珞矜嚴。流動的光輝之中，一切都失了正色：松林是一片濃黑的，天空是瑩白的，無邊的雪地，竟是淺藍色的了，這三色襯成的宇宙，充滿了凝靜，超逸與莊嚴；中間流溢著滿空幽哀的神意，一切言詞文字都喪失了，幾乎不容凝視，不容把握！

在這母愛、童心、自然等「愛的哲學」的三原素相對的日子裡，在與青山沙穰的「弱」、「冷」、「閑」等生活三要素相對的日子裡，冰心充分咀嚼的是「愛與同情」。

「同病相憐」這一句話何等親切？院中女伴的互相憐惜，互相愛護的光景，都使人有無限之讚嘆！一個女孩子體溫之增高，或其他病情上之變化，都能使全院女伴起了吁嗟。病榻旁的默默的握手，慰言已盡，而哀憐的眼裡，盈盈的含著同情悲憫的淚光！來從四海，有何親眷？只一縷病中愛人愛己，知人知心之哀情，將這些異族的女孩兒親密的聯在一起。誰道愛和同情，在生命中是可輕藐的呢？

愛在右，同情在左，走在生命路的兩旁，隨時撒種，隨時開花，將這一徑長途，點綴得香花彌漫，使穿枝拂葉的行人，踏著荊棘，不覺得痛苦，有淚可落，也不是悲涼。

「山中的千百日，山光松影重疊到千百回，世事從頭減去，感悟逐漸侵來，已濾就了水晶般清澈的襟懷。」冰心就在這樣的環境中不斷加深她對「愛的哲學」的研修。而這時她的創作並未中斷；相反，青山的「閑」又賦予她以寫作的自由。她「想提筆就提筆，想擱筆就擱筆。」這是一種流水行雲的寫作境界。在這段時間裡，她創造了在美國遊學期間撰文的最高產量。《往事》、《山中雜記》、以及留美時的較有代表性的小說《悟》、《六一姐》等等都是她在青山沙穰寫成的。特別值得提出的是她爲留美而闢的通訊專欄——《寄小讀者》，有九篇是在青山沙穰寫成的。這些深烙著「愛的哲學」紋章印記的篇什，以她的意境之優美，文字之典雅，在文壇被譽爲獨樹一幟的、也是萬千青年學子想仿效的「冰心體」。的確，冰心的以《寄小讀者》爲代表的散文文體的風格與特色，可以她在小說《遺書》中的一個人物——宛因——之口，作過理論的表述：

文體方面我主張「白話文言化」，「中文西文化」，這「化」字大有奧妙，不能道出的，只看作者如何運用罷了！我想如現在的作家能無形中融會古文與西文，拿來應用於新文學，必能爲今日中國的文學界，放一異彩。然而有的人卻不能融化運用，只互相的鼓吹些偏畸的理論，徒然引起許多無謂的反動力，消磨有用的創作的光陰，於評駁辯難之中，令人痛惜！眞正的作家，他不和人辯論，只注意他自己的創作。

這位小說中的人物取名宛因，就是因爲宛因與冰心的學名婉瑩是諧音。宛因就是冰心。冰心的這種散文文體的理論實踐是附麗於她的通訊集《寄小讀者》之中。她的文體風格，受到當時的大師們的肯定。胡適曾讚譽道：「（當時）大多數的白話文作家都在探索一種適合於這種新的語文形式的風格，但冰心女士曾經受過中國歷史上偉大詩人的作品的熏陶，具有深厚的古文根底，因此她給這一新形式帶來了一種柔美和優雅，既清新，又直截。」「不僅如此，她還繼承了中國傳統對自然的熱愛，並在她寫作技巧上善於利用形象，因此使她的風格既樸實無華又優美高雅。」這就是開一代白話文風的大師對冰心的評價。在散文文體方面，冰心給白話文的語文形式獨創的新風格，這也是冰心在中國文體上的傑出貢獻。在當時，不僅在白話語言美上有她的獨特造詣，而以她的「愛的哲學」教育了一代青年，培養了他們的爲人的道德規範和高尚品格。另一位文學大師巴金說：

十幾年前我是冰心的作品的愛讀者（我從成都搭船去渝，經過瀘縣，我還上岸去買了一冊《繁星》），我哥哥比我更愛她的著作（他還抄過她的一篇小說《離家的一年》）。過去我們都是孤寂的孩子，從她的作品那裡我們得到了不少的溫暖的安慰。我們知道了愛星，愛海，而且我們從那些親切而美麗的詞句裡重溫了我們永久失去了的母親。（我記得《超人》裡的那個小孩，他愛他的母親，也叫我們愛我們的母親。

世界上眞的有不愛母親的人麼？）現在我不能不說是不是那些著作也曾給我加添過一點生活的勇氣，可是甚至在今夜對著一盞油燈，聽著窗外的淅瀝的雨聲，我還能想起我們弟兄從書上抬起頭相對微笑的情景。

這席話是巴金在一九四三年回顧自己青年時代讀冰心作品時的感受。他深深地感謝冰心的作品——實際上是指以母愛、童心、自然爲核心的「愛的哲學」是如何啓發他的良知，給他以人間的溫暖，從而增加了他的生活的勇氣和優美的情操。

冰心在青山沙穰療養院將近七個月。「大夫說是養病，我自己說是休息，只覺得在拘管而又浪漫的禁令下，過了半年多。」正當大夫告訴冰心她的病將要好了的時候，也就是冰心計劃出院將意味著從山居轉到海濱去度假的時候，有一個人到青山沙穰來看她，也決定了她回國後的「命運」。此人就是燕京大學的校長司徒雷登。司徒雷登的光臨給冰心以極大的驚喜。她想不到她的校長會趁回美國之機，在行程上安排一站——專程到青山沙穰來探望一個校友、一個碩士研究生。這是因爲司徒雷登一直將冰心視爲燕大的掌上明珠，是燕大的光榮和驕傲。所以這次他不僅專程到山裡療養院來探病，而且是誠意敦請冰心在學成後返國回燕大去工作：你是燕京大學培養出來的，成爲在中國很有影響的女作家。你是燕京大學第一個獲得金鑰匙的女學生。又是燕京大學送你到她的姐妹學校威爾斯利來深造的。我誠懇地邀請你在畢業後回燕京大學工作，用你的智慧和才能爲母校服務。我歡迎也需要你的合作。司徒雷登的探視與來訪，對冰心來說是非常突然的。她一到美國來只上了九周課就進了學校中的聖卜生療養院。後又很快被轉送到青山沙穰療養院，時間和現狀根本還不容她考慮得這樣遙遠。可是司徒雷登的建議太具有「高瞻遠矚」的超前意識了。在司徒雷登看來，「對一所爲了特定目的而由外國人創辦的學校來說，而且在不失其明顯特徵的同時正在逐漸中國化的學校來說，再沒有比留用本校的學生去實現這一轉變更好的辦法了。」所以司徒雷登經常在美國敦請燕大的留美學生中有成就的學生返回母親教書，這次他對冰心等於發出了預約聘書，也是他作爲校長的一貫風格。冰心所受到優厚禮遇，是在於她得到的預約特別早，而且是在病中。

一九二四年七月五日，冰心病癒離開青山沙穰療養院。一位病友的出院，在「同病相憐」的女孩子說來是一件大事，她們平日裡互相憐惜，互相愛護，在分別時雖然依依不捨，可是也衷心祝福。這個時刻有一個自發的莊嚴的儀式：

黃昏時之一走，又賺得許多眼淚。我自己雖然未曾十分悲慘，也不免黯然。女伴們雁行站在門邊，一一握手，紛紛飛揚的白巾之中，聽得她們搖鈴送我，我看得見她們的淚眼。人生奈何到處是離別？

車走到山頂，我攀窗回望，綠叢中白色的樓屋，我的雪宮，漸從斜陽中隱過。

從此永別了，這個病中因緣相會了七個月的地方，她的護持調理會使冰心產生一種永恒的感念。離開了青山沙穰之後，冰心受包老牧師一家之邀，前往默特佛、自由、伍島等地遊覽，度過一個愉快的暑期。直到八月十七日，才返回波士頓，到威爾斯利女子大學繼續學習。

冰心進入了一個緊張的學習與補課的階段，在回校學習到離美返國之間，她的作品也就顯著減少。在這一年中，她的《寄小讀者》通訊也只有三封。但她還是盡量參加中國留美學生的一些活動。例如參加「湖社」的活動是每半月一次。直到相隔近六十年的一九八二年，當冰心的女兒吳冰、吳青相繼作爲訪問學者赴美時，冰心還囑她們去「拜訪」閉璧樓和慰冰湖。她在寫給吳青的信中說：「當初我和哈佛的學生（如陳岱孫、浦薛鳳），M.I.T學生（如朱世明、顧一樵等），有個「湖社」，半月在湖上開一次會，各人講自己的專業，talk shop很有意味，都是在湖上劃船對講的，有時也帶野餐。」冰心在「湖社」曾以李清照的詞爲題向社員們開講。她不僅介紹李清照的優秀詞作，中間還插叙一些有趣而令人深思的故事。冰心講起李清照的丈夫趙明誠出任太守時，李清照將自己的新作《醉花陰》於九月九日重陽節時寄給趙明誠，她丈夫非常佩服自己妻子所塡的詞，但又相信憑著自己的才華，經過努力，是能達到妻子的新作的水平的。於是他閉門謝客三日，冥思苦想，廢寢忘食，終於塡成五十闋詞。他對其中的若干首還是頗爲滿意的。他將李清照的《醉花陰》夾在其中，送給他所信得過的有眼力的詩友去品評。結果他的詩友告訴他，其中有三句特佳，乃詞中極品，堪稱千古絕唱：「莫道不消魂，簾捲西風，人比黃花瘦。」趙明誠才眞正心悅誠服，自嘆不如。冰心所以會講這個故事，是因爲冰心認識到李清照的詞的眞正價值是在於她有自己獨創的風格，她找到了「自己的聲音」。她就是學習李清照的作詩之道，才有她的小詩的「春水體」和散文的「冰心體」。因此這個故事才對她有特深的印象。

一九二五年春，在波士頓的中國留學生的演劇活動也是冰心所樂於參加的。一九二五年三月廿八日他們在波士頓的美術劇院演出《琵琶記》。冰心的任務是爲劇中的女演員們準備服裝，這可不是一件容易辦到的事。如果在國內要完成這個任務是並不難的，可是這是在美國。要準備這些中國古代生活中的女角的服飾是難上加難的。好不容易托人從紐約借來服裝，還要自己作精心的加工才能符合要求。中國學生正在忙於排練時，在紐約的藝術學院學習的聞一多趕到波士頓，這位生力軍是一位藝術家，他爲大家繪製布景，又能幫助演員們化裝，深受大家的歡迎。但正在這個節骨眼上，演牛太師之女牛小姐的邱女士突然患猩紅熱，這時就只好請冰心匆促上陣。她急忙背誦臺詞，由聞一多爲她化裝，上臺演出。美國的觀衆爲東方情調的布景和花團錦簇的服飾所吸引，爲劇情的悲歡離合所感動，也爲演員們非常投入的表演而叫好。這一切爲他們帶來一種新鮮感。因此演出是很成功的。冰心在參加排戲的過程中寫信給吳文藻，附寄了一張入場劵。吳文藻回信說由於功課太忙，不能來了，向冰心致謝和致歉。可是臨到上演那天，他經過思想鬥爭，還是遠道趕來觀看了。吳文藻也總算「恭逢其盛」了。就在這年夏天，冰心爲了考碩士學位需要考第二外國語，就趁暑期到綺色佳的康乃爾大學去補習法文。她發現吳文藻也來了。他是爲考碩士生而來補習法語的。

綺色佳是一個風景區，因此我們幾乎每天課後都在一起遊山玩水，每晚從圖書館出來，還坐在石階上閑談。夜涼如水，頭上不是明月，就是繁星。到那時爲止，我們信函往來，已有了兩年的歷史了，彼此都有了較深的了解，於是有一天在湖上劃船的時候，他吐露了願和我終身相處。經過了一夜的思索，第二天我告訴他，我自己沒有意見，但是最後的決定還在於我的父母，雖然我知道只要我沒意見，我的父母是不會有意見的！

嚴格地說，冰心是在「私訂終身」之後才與吳文藻正式明確了「戀愛關係」的。在過去作爲一個知名度高而又美麗溫柔的少女，想接近她和追求她的人是不乏其人的。當時她與男同學之間的交往也是很廣泛的。在同舍的女同學中大多總是有一個固定的男青年的來訪，而來看冰心的人，卻往往是十幾個一撥地光臨。以致在美國的一個聖誕節的宿舍的聯歡會上，舍監U夫人送她一個小本子作爲聖誕禮物，U夫人在扉頁上寫著：「送上這個本子，作爲你記錄來訪的一連隊一連隊的男朋友之用！」當場惹得女同學們都大笑不止。可見，冰心的交遊是很廣的；但是她對吳文藻又是有一定的傾向性的，但傾向性畢竟不等於戀人。這位吳文藻與其他的冰心的追求者相比，無論在金錢和權勢上是無法去比擬的，他是一個江陰農家（農村小鎮）出身的孩子，性格也是不善交際的人。他比冰心小一歲，也比冰心低兩班。當時清華留美預備學校大概相當於美國大學二年級學生。吳文藻剛到美國時是在新英格蘭東北的新罕布什州的達特默思學院的社會學系讀三年級，而冰心已經是威爾斯利女子大學研究院的學生了。那麼他怎麼能贏得一位「門不當，戶不對」的著名女作家的愛戀？大概只能說，他的「競爭者」奉獻給冰心的是他所缺乏的，而他給冰心的，又恰恰是別人所不敢呈獻的。例如他缺乏財富，他缺乏權勢，他不會趨奉，他不善交際。他的談戀愛的風格是「學者型」的。

他是一個酷愛讀書和買書的人，每逢他買到一本有關文學的書，自己看過以後就寄給冰心。

他在剛認識冰心時，不是對冰心說過：「你如果不趁在國外的時間，多讀一些課外的書，那麼這次到美國就算是白來了！」幾乎把冰心鬧了個大紅臉。這種語言是冰心的其他朋友所不敢奉獻的。他們都認爲冰心在文學上是一位淵深的博識者，他們不必在她面前班門弄斧，只有他認爲冰心應該好好補課。冰心對他的這種「關心」倒是心悅誠服的：

我一收到書就趕緊看，看完就寫信報告我的體會和心得，像看老師指定的參考書一樣的認眞。老師和我作課外談話時，對於我課外閱讀之廣泛，感到驚奇，問我是誰給我的幫助？我告訴她，是我的一位中國朋友。她說：「你的這位朋友是個很好的學者！」這些事我當然沒有告訴文藻。

上面所引的這段回憶是冰心一九八六年寫的，生動地寫出了她的老伴在年輕時以學者的姿態闖進了她的心扉。而她的指導老師在無意中將一個大學還沒有畢業的學生「提高」到「學者」的高度，爲冰心選擇吳文藻投了非常有份量的一票，是他們今後的結婚喜帖上的一個不具名的介紹人。一九二五年秋，吳文藻從達特默斯學院轉到紐約哥倫比亞大學，開始了他的研究生生涯。他在地域上更接近波士頓，與冰心的往還也更加密切了。

正當冰心的戀愛取得進展和成功的同時，她在研究院中開始寫她的畢業論文。她的論文題目早已在「湖社」的講演中透露過了。她對李清照由衷地發生了興趣。在美國的最後的一年中，她沉浸在「漢詩英譯」的課題中，而所譯的對象就是李清照的《漱玉詞》。冰心是非常同意十七世紀詩人舒夢蘭對李清照的評價的：在男詩人中第二代皇帝李煜做得最好，在女詩人中李易安就是最好的了。他們眞正是詞的權威，因爲他們懂得詞的情趣和韻味。」一九二六年夏，冰心用英文寫的碩士論文《李易安女士詞的翻譯和編輯》脫稿。爲了寫這篇論文，冰心到當時收藏中國古籍最富的哈佛大學圖書館去查閱資料，但時至一九二六年，哈佛大學還不允許女性借閱圖書資料。這簡直不可理論。冰心只好請哈佛的中國男性將書借出來，以滿足她寫論文之需。直到一九三六年，吳文藻和冰心作爲中國燕京大學的代表出席哈佛大學三百周年誕辰慶祝大會時，冰心還向哈佛的同人「計較」此事呢。

關於這篇論文還有一段佳話。冰心在一九二三年完成的學士論文《論元代的戲曲》是在一九二六年《燕京學報》創刊號上發表的。可是我們過去只知冰心碩士論文的範圍：論李清照的詞。卻從來沒有讀到過這篇文章。事隔五十四年，當冰心的大女兒吳冰於一九八〇年赴美訪學時，到母親的母校去尋訪這篇畢業論文時，才找到了冰心的原稿，經同意復印帶回國來，經過翻譯，我們才看到了它的眞面容。

也就是在一九二六年的春天，冰心留美後第一次到首都華盛頓去參觀。她下榻的國家婦女會舍正巧直對著國會白樓。

這白樓在半天矗立著，如同一座玲瓏洞開的仙閣。被樓旁的強力燈逼射著，更顯得出那樓後的青空。兩旁也是偉大的白石樓舍。樓前是極寬闊的白石街道。雪白的球燈，整齊的映照著。路上行人，都在那偉大的景物中，寂然無聲。這種天國似的靜默，是我到美國以來第一次尋到的。我尋到了華京與北京相同之點了。

我突起的鄉思，如同一個波瀾怒翻的海！把椅子推開，走下這一座萬靜的高樓，直向大圖書館走去。路上我覺得有說不出的愉快與自由。楊柳的新綠，搖曳著初春的晚風。熟客似的，我走入大閱書室，在那裡寫著日記。寫著忽然憶起陸放翁的「喚作主人原是客，知非吾土強登樓」的兩句詩來。細細咀嚼這「喚」字和「強」字的意思，我的意興漸漸的蕭索了起來。

冰心在美國的三年間，自始至終，一直是「鄉愁」纏身。在剛到美國時，一九二三年九月廿六日，她感到：「鄉愁麻痹到全身，我掠著頭髮，髮上掠到了鄉愁，我捏著指尖，指上捏著了鄉愁。是實實在在的軀殼上感著的苦痛，不是靈魂上浮泛流動的悲哀。」直到一九二六年春天，這種鄉思還「如同一個波濤怒翻的海」。她眞想馬上完成畢業論文以後就趕快回去擁抱自己的故土。正在這時，冰心又得到一個意外的——也理應是意中的驚喜：當冰心即將完成學業時，她收到了一筆巨額匯款，這是燕京大學寄給她的回國的路費。故土——祖國——母親——母校在召喚！

她又登上了載她離開祖國的約克遜號郵船，這次它將再次橫渡太平洋，它將藉太平洋之水，洗盡她的鄉愁，載她踏上祖國的海岸線——這母親的鄉土！

第五章　在感慨中的短暫迷失

念六夜海波如吼，水影深黑，只在我與明月之間，在水上鋪成一條閃爍碎光的道路。看著船旁嘩然飛濺的浪花，這一星星迸碎了我遠遊之夢！母親，你是大海，我只是刹那間濺躍的浪花。雖暫時在最低的空間上，幻出種種的閃光，而在欠伸將覺之中，祖國的海波，一聲聲的洗淡了我心中個個的夢中人影，母親！夢中人只是夢中人，除了你，誰是我永久靈魂之歸宿？

念七晨我未明即起，望見了江上片片祖國的帆影之後，我已不能再睡覺！我俯在圓窗上看滿月西落，紫光欲退，而東方天際的明霞，又已報我以天光的消息！母親，爲了你，萬里歸來的女兒，都覺這些國外也常常看見的殘月朝暉，這時卻都予我以極濃熱的慕戀的情意。

一九二六年七月廿七日，冰心踏上了離別將滿三整年的祖國的田野：「念七日的黃昏，三年前攜我遠遊的約克遜號，徐徐的駛進吳淞口岸的時候，我抱柱而立迎著江上吹面不寒的和風，我心中只掩映著母親的慈顏。三年之別，我並不曾改，我仍是三年前母親的嬌兒，仍是念餘年前母親懷抱中的嬌兒！」這封《寄小讀者・通訊二十八》並非是寄給小讀者的，而是寄給「親愛的娘」的。但是小朋友讀了這封信是得益匪淺的。冰心感受到的母愛的磁力，是會深烙在兒童的心靈之中，成爲他們的道德上的永恒的寶貴財富。這次途經上海，歡迎她的有上海的親友，還有一個百看不厭的第一次見面的熟朋友——一九二六年五月由北新書局出版的初版《寄小讀者》。這一版中收了冰心的寄小讀者通訊一至二十七。看見它，冰心宛如看見小讀者的可愛的蘋果臉上的笑靨。

「娘，我回來了！」這句話成了冰心回國後的主調臺詞，在她的心靈中久久轟鳴。「『我回家了！』」這『回家』二字中我迸出了感謝與歡欣之淚！三年在外的光陰，回想起來，曾不如流波之一瞥。」當年此時，上海酷熱，而上海親友歡迎冰心的溫度比夏天的自然溫度還要高。「這裡熱得很，哥哥姐姐們又喜歡灌我酒。……眞把我吃醉了。匆匆的走上樓來和衣而臥。酒醒已是中夜，明月正當著我的窗戶。朦朧中記得是離家已近，才免去那『楊柳岸曉風殘月』的悲哀。……我愛母親！我怕熱，我不會吃酒，還是回家好！」看樣子不到北京母親的身旁懷中，冰心的「戀家」的心是永無著落的了。

八月二日冰心乘車北上，到了北京，她眞是一百個心滿意足，什麼都感到新鮮和愜意：

「小朋友！你若是不曾離開中國北方，不曾離開到三年之久，你不會嘆賞北方蔚藍的天！」連藍天也是中國的好，家中看出去的晴空是最美麗的。可是一到北京，冰心就病了。在《寄小讀者・二十九》中她寫道：

寫到此我腕弱了，小朋友，我覺得不好意思告訴你們，我回來後又一病逾旬，今晨是第一次寫長信，我行程中本已憔悴困頓，到家後心裡一鬆，病魔便乘機而起。我原不算是十分多病的人，不知爲何，自和你們通訊，我生涯中便病忙相雜，這是怎麼說的呢！

冰心是很會贏得小朋友的同情的。小朋友看到這裡，的確會同情這病懨懨的可憐的大姐姐，好像他們也有責任的啊！直到一九八七年，冰心才公開了一個有趣的秘密：她回國後，上海和北京的親友頻頻接風，筵席豐盛，把她在國外吃慣了黃油麵包的胃吃壞了，久瀉不癒，也久治不癒。而燕大開學的日期愈來愈臨近了。這使她非常焦急。最後還是她們的房東、旗人祈老太太對她說：「大姑娘，您要聽我的話吃一種藥，包您一吃就靈。」祈老太太給她帶來的是一套很精緻的鴉片煙燈和煙槍，又爲她裝上煙泡。她就邊吸邊嗆，吸著吸著就糊塗過去了。「據說那天我一直昏睡了十八個鐘頭，醒來時痢疾就痊癒了。回到燕大時，許多師友問我最後是怎麼治的？我竟不敢說我是抽了大煙。」這是一個很有趣的小插曲。

燕京大學的確在期盼著冰心的到來。可以說燕大是對她委以重任的。冰心是燕京大學同學會執委常務會委員；又是全校最高權力機構董事會中的校友代表；而《燕大月刊》編輯部在聘請若干名流爲顧問時，也請冰心爲詩歌顧問；冰心當時只是助教，但《燕京學報》則聘她爲顧問。在一九二六年的創刊號上，第一篇文章是鼎鼎大名的學者王國維的《金界壕考》；第二篇文章就是冰心四年前寫的畢業論文《元代的戲曲》。燕大給了冰心莫大的榮譽。她是燕大的驕傲。

冰心比當時的大學生大不了幾歲，於是她就與他們親密無間地做起「孩子頭」來了。她是教大一《國文》和《寫作》。有的學生回憶她給他們出過《理想的美》這樣的作文題，要男同學在文章中寫出《我理想中的美女子》，而要女學生寫出《我理想中的美男子》。冰心卻說她想不起有這等事了。可是有另一位女同學幫她證實當時是有這等事的：她給她們出過《初戀》這樣的作文題。還說：「無論是親身經驗還是虛構的都可以寫。」這位幫冰心回憶的學生名字叫潘玉美。潘回憶時也有七十多歲了。冰心在一九八七年寫道：「這些事我忘得一乾二淨，我想我那時眞是大膽到『別具一格』，不知學生的家長們對我這個年輕的女教師，有什麼評論，我也沒有聽見我們國文系的老先生們對我有什麼告誡，大概他們都把我當做一個『孩子頭』，『童言無忌』吧。」

雖然是自稱「童言」，可是冰心已到了該結婚的年齡了。她自己心中是已經有了「底蘊」，可是著急的是她的雙親。還在一九二三年冰心出國留學之前，就有人寫信表示對她的愛慕，那時冰心都將這些信交給她的父母；在美國留學時父母曾通過冰心很敬重的表兄劉放園寫信給她：「前日到京，見到姑母，她深以你的終身大事爲念，說你一直太不注意這類事情，她很不放心。我認爲你不應該放過在美的機會，切要多多留意。」那時冰心已與吳文藻有了「默契」，所以就回信說：「謝謝你的忠告，請你轉告母親，我『知道了』！」這次回國時，吳文藻寫了一封長信，還附了一張相片，要冰心帶回國去交給她的父母，表示正式的求婚。「我回到家還不好意思面交，只在一天夜裡悄悄地把信件放在父親床前的小桌上。第二天，父母親都沒有提到這件事，我也更不好問了。」其實父母對女兒的眼力還是有個精確的估價的。但是他們有他們要做的事，例如要托人到江陰鄉下去查一查吳文藻在家鄉有沒有訂過婚或有過妻小之類。經過調查，吳文藻是經得起「推敲」的，父母當然是滿意的。

一九二八年五月九日，冰心寫詩遙寄吳文藻：《我愛，歸來吧，我愛！》。這時國內正好發生了「濟南慘案」，也即一九二八年五月三日日本出兵侵占濟南，大肆屠殺中國軍民。冰心在詩中寫道：「我愛，歸來吧，我愛！／我不用我自己的柔情——／你聽泰山的亂石驚嗚，／你聽東海的狂濤怒生！／我愛，歸來吧，我愛！／我不用自己的柔情，／我愛，歸來吧，我愛！／我要你聽母親的哀音！」冰心在致筆者的信中說：「一九二八年寫的《我愛，歸來吧，我愛！》，是給文藻的，那時有『濟南事變』。」這不是一封單純的「家務事，兒女情」的「情書」。而是「國家事，兒女情」的融和。一九二八年冬，吳文藻在哥倫比亞大學得了博士學位，還得了該校「最近十年內最優秀的外國留學生」獎狀。取道歐洲經由蘇聯，於一九二九年初到達北京。燕大和清華兩校都要聘吳文藻爲教授，「談判」的結果是吳文藻在清華上兩門課，「落腳紮根」還是在燕京大學。冰心回顧道：「燕大還把在燕南園興建的一座小樓，指定給我們居住。」當時，冰心的父親在上海海道測量局任局長，冰心和吳文藻在北京的事情辦妥後，就回到上海。未來的岳父母對這位未來的女婿再也不是通過通信，通過調查去了解，而是面對面的交談與觀察，他不得不佩服女兒的眼力。他們都很高興很熱情地接待了這位未來的女婿。他們在上海小住後就回到江陰省親。然後到上海冰心的家中舉行了簡單的訂婚儀式。

一九二九年春，我們都回到燕大教學，我在課餘還忙於婚後家庭的一切準備。他呢，除了請木匠師傅在樓下他的書房的北牆，用木板做一個「頂天立地」的大書架之外，只忙於買幾張半新的書櫥，卡片櫃和書桌等等，把我們新居的布置裝飾和栽花種樹，全都讓我來管。

之所以要提到這一段是因爲冰心的《第一次宴會》就是根據那時的現實生活寫成的。冰心和吳文藻的婚禮是一九二九年六月十五日在燕大的臨湖軒舉行的。婚禮十分簡樸，客人只有燕大和清華兩校的同事和同學。也沒有擺酒席，只是以蛋糕、咖啡和茶點待客。冰心說：「我記得只用去三十四元！」新婚之夜是在京西大覺寺度過的。那間客房裡除了自己帶去的兩張帆布床之外，只有一張三條腿的小桌子——另一隻腳是用碎磚墊起來的。那時他們兩人的新居還未蓋好，從大覺寺回來，他們又分居在各自的宿舍裡。

作爲一位作家，冰心回國以後的產量是不高的。但是她的名望卻仍在不斷的升高。這是因爲她將歸國後在上海寫的一封信和剛回北京時的一封信（作爲通訊二十八、二十九）也編進《寄小讀者》，在此書印刷第四版時又寫了一篇《〈寄小讀者〉四版自序》，一併作爲新版《寄小讀者》發行。那就是說，從一九二六年五月至一九二七年三月的十個月中，《寄小讀者》已印了四版，而且影響越來越大。在國內可謂風行一時。不少成人與許多兒童都爭相傳看。大人欣賞她的優雅純眞的「冰心體」，同時也感到這本散文集對他的孩子們不啻是一頓精神美餐，對他的後代是一次潛移默化的道德規範教育，同時也是一本「作文教科書」，於是就非常鼓勵自己的子女去讀；而兒童讀了這本書，他們是到老也不會忘記它是一本使自己終身受用不盡的讀物，感佩之心是油然而生的。在衆多的成人與兒童的共鳴和擁戴中，它的不脛而走是可以預期的。以致，阿英有這樣的評價：中國的讀者中，可能有人不知道魯迅，可是不會不知道冰心。但是「衆多的讀者」與「少量的出產」，的確是冰心在回國後同時並存的現實。冰心自己曾自述個中的原因。一是平日課務忙，假期又消耗在「南北奔馳」之中，她幾乎每個假期都從北京奔赴上海探親；二是忙於婚姻大事，又忙於建築「愛巢」；三是接著就是小天使的降生。……但是還有一點她在言外之意中也涉及到了，但是她沒有講得非常透澈：

從頭看看十年來自己的創作和十年來國內的文壇，我微微的起了感慨。我覺得我如同一個賣花的老者，挑著早春的淡弱的花朵，歇擔在中途。在我喘息揮汗之頃，我看見許多少年精壯的園丁，滿挑著鮮艷的花，蔥綠的草，和紅熱的果兒，從我面前如飛的過去，我看著只有驚訝，只有艷羨，只有悲哀。然而我仍想努力！我知道我的弱點，也知道我的長處。我不是一個有學問的人，也沒有噴溢的情感，然而我有堅定的信仰和深厚的同情。在平凡的小小的事物上，我仍寶貴著自己的一方園地，我要栽下平凡的小小的花，給平凡的小小的人看。

在這段話中，我們又看到一個並存——自信與自卑的並存。過去冰心從不自負，可是卻很有自信。例如她在談到文體時說：「文體方面我是主張『白話文言化』，『中文西文化』，這『化』字大有奧妙，不能道出的，只看作者如何運用罷了！」最後她用這樣的語言作結：「眞正的作家，他不和人辯論，只注意他自己的創作。」這是充滿自信的語言，也是充滿自信的語調。現在她感慨，她驚訝，她艷羨……，她以爲自己挑的是過時的花朵，她現在是歇肩在中途，「少年精壯」在她的面前飛奔而過，似乎她已成了一個落伍者。一個時代的巨大的身影對她產生了壓力。使她覺得從平靜的美國回到紛擾的中國，她的「愛的哲學」似乎已無法自存，似乎已無地自容。在中國當時的北伐戰爭面前，在日本的侵略的魔影的籠罩下，對兒童進行「愛的教育」似乎已經不合時宜。文壇上流行著一種看法，文學只是政治鬥爭的一種工具，文學應該完全失去自我，文學對青少年並不承擔用美好的、高尙的人性去陶冶他們的心靈的義務。當人們將「工具論」與「陶冶論」簡單的對立起來的時候，冰心在這股思潮下困惑了。她或許感到自己有「蒼白」之感。從一九二六年回國，到她結婚，她寫了一篇小說《第一次宴會》，一九三〇年一月，她母親逝世後，她寫了長篇散文《南歸》。也就是說，她在回國後的五年時間中寫的作品實在不多。

在一九三一年八月五日，她寫了《分》。但在《分》還沒有與讀者見面時，在一九三一年八月十日，《文藝新聞》發表了一篇冰心與記者的談話：《普羅文學實難稱爲文學》。冰心在十一月廿五日寫了《記事無根而失實》：

文藝新聞記者先生：

……關於我對於普羅文學之談話，報章所載，與我與記者所談大有出入。至於所謂「受了盧布」之語，更無根據。因著無根據的一句話，使我受了批評，是很意外的一件事！年來外邊關於我的記事和言論無根而失實者甚多，我從來沒有注意過，更正過，這是頭一次——希望也是末一次。

冰心是很不願意捲進這樣的漩渦中去的。但《分》的發表又得到了一些作家的欣賞，令他們感到冰心是有希望的。茅盾在《冰心論》中就說：「《往事集自序》寫於一九二九年夏，到現在是五年了（茅盾寫此文時是一九三四年夏——引者注）；這五年內世界的風雲，國內的動亂，可曾吹動冰心女士的思想，我們還不很了了，但是在她的小說《分》裡頭，我們彷彿看到一些『消息』了。」「誰也看得出，這篇《分》跟冰心女士從前的作品很不同了。如果我們把她最近的一篇《冬兒姑娘》（見《文學季刊》創刊號）合起來看，我們至少至少應該說，這位富有正義感的作家不但悲哀著『花房裡的一朵小花』，不但讚美著剛決勇毅的『小草』，她也知道這兩者『精神上，物質上的一切，都永遠分開了』」如果按茅盾的說法，也就是意味著冰心對「過去自我的迷失」。

冰心說：「一九三一年二月，我的孩子宗生便出世了。這一年中只寫了一篇《分》，譯了一本《先知》（The Prophet），寫了一篇《南歸》，是紀念我的母親的。」《分》就是冰心生第一個孩子時的體驗與感受吧？它把虛幻成分的童話色彩與現實生活中的眞實世界揉和融合在一起，來表現一個概念，主要是寫兩個初生的嬰兒在醫院育嬰室中的「對話」，以此去說明社會生活中的貧富的懸殊。他們中的一個是屠戶的兒子，另一個則是教授的兒子，他們在醫院中是暫時穿著醫院中的一樣的服飾，可是當他們出院時貧富這條鐵律將他們無情地分開了。《分》是冰心想向「健者」學步時的心態下的產物。這種步法對冰心說來是很生疏的，所以在《分》也必然留有這種步法的蹣跚步態。這兩個家庭的貧富差距肯定是存在的。但一個是體力勞動者的屠戶，一個是腦力勞動的教授，他們本身是不應該構成矛盾的。那屠戶的孩子對教授的孩子說起父親的職業是宰豬的時候說：「宰豬的！多痛快，白刀子進去，紅刀子出來！我大了，也學我父親，宰豬，——不但宰豬，也宰那些豬一般的盡吃不做的人！」「白刀子進去，紅刀子出來」並不就是革命；「盡吃不做的人」的概念也是模糊不清的。當然這是童話小說一類的東西，其概念也不可能像論文一樣精確。但是在冰心的作品中出現這樣的語態，只能說是一種「自我的迷失」。是從「世界上的母親和母親都是好朋友，世界上的兒子和兒子也都是好朋友，都是互相牽連，不是互相遺棄的」的「愛的哲學」立場上的一種背離。當然對冰心來說，還僅僅是「部分的迷失」。這是可由《南歸》爲之作證的。

《南歸》是冰心失母的哀曲，是痛定思痛的悲悼。魯迅說：「長歌當哭，是必須在痛定之後的。」冰心是在喪母一年半後，才寫《南歸——貢獻給母親在天之靈》。這是因爲喪母之後，她還將這個噩耗瞞住在海上飄泊的愛弟，好讓他渾然樂天地「做著偎倚慈懷的溫甜的夢」。直到這位海上飄泊的海員弟弟參拜慈親的墳墓之後，「現在我不妨解開血肉模糊的結束，重理我心上的創痕。把心血嘔盡，眼淚傾盡，和你們恣情開懷一慟，然後大家飲泣收淚，奔向母親要我們奔向的艱苦的前途！」

《南歸》分歸途、侍疾、佯歡、喪母、葬儀、弟歸等幾大部分，當作者層層「解開血肉模糊的結束」時，使讀者一次次經歷著感情上的強烈的沖擊。

冰心爲母病南歸時正直津浦線中斷，海行的客輪擁塞得似地獄景象，其時冰心又病得神志模糊地昏厥於天津旅館中，她拚卻一切，聽天由命地踏上南歸的途程。她思母心切，歸心似箭，即使是豬圈狗竇，只要能渡過海去，她也要蹲伏幾宵。她安慰著愛人和自己：「不妨事，我原也是人類中之一！」但歸途的坎坷與侍疾的痛苦相比，猶如小巫之於大巫：「我如同一個無告的孤兒，獨自赤足拖踏過這萬重的火焰！」在母親的精神愈加昏弱之時，她卻清清醒醒地與父親商議安葬的地點，與殯儀館接洽，請縫工做壽衣，這簡直是一種苦刑似的生活，而在這酷烈的苦刑的折磨中還要承歡佯笑，那就是使讀者的感情無法自持的「祝壽」一節了。

陽曆一月三日是冰心的父親的生日，又是她父母的結婚四十年的紀念。就在十二月三十一日，他們請上海最有名的德國醫生V大夫來診斷，而V大夫卻斷然宣判了母親的「死刑」，「沒有希望了，現時只圖她平靜的度過最後幾天罷了！」他們一家就在這張「判決書」前，「歡」度這個家庭的隆重的節期的：

我們將紅燈一齊點起；在她床前，擺下一個小圓桌；桌上滿滿的分布著小碟小盤；一家子團團的坐下。把父親推坐在母親的旁邊，笑說：「新郎來了。」父親笑著，母親也笑了！她只嘗了一點菜，便搖頭叫「撤去罷，你們到前屋去痛快的吃，讓我歇一歇」。我們便把父親留下，自己到前面匆匆的胡亂的用了飯。到我回來，看見父親在枕邊，母親朦朦朧朧的似乎睡覺了。父親眼裡滿了淚！我知道他覺得四十年的春光，不堪回首了！

在這種淚水下咽，強顏歡笑的景況下，迎來了母親臨終的時刻。母親下葬前，冰心將那把在大學畢業時所得的「斐托斐」（Phi Tau Phi）名譽學位的金鑰匙作為殉葬之物，放在母親的棺材中。她得到此物時，曾給母親以極大的喜悅。但這把鑰匙是母親的悉心栽培才得到的。「我願以此寄托我的堅逾金石的愛感的心，在我未死之前，先隨侍母親於九泉之下！」

《南歸》是最具眞實感的散文，是冰心以血淚和著墨水寫下的佳作，這正應了她在《寄小讀者》中說過的話：「領略人生，要如滾針氈，去遍挨遍嘗，要他針針見血。」這眞是一字一詞皆是血的人生一幕啊！因此從《南歸》來看，冰心還是過去的冰心，還是抒寫「親子之愛」的聖手。她不僅沒有「自我迷失」，相反她仍是極爲堅定的「冰心的信徒」。看來要她自己轟毀「愛的哲學」的思路，是不可能的了；但她四周的環境又是極爲錯綜複雜的，這個環境將越來越嚴酷地叫她和「過去的自我」分開。《分》給我們帶來的信息就是一種預示。她也許要在這種矛盾中「畢其一生」？

一九三四年七月，冰心與吳文藻應平綏鐵路局長沈昌的邀請，作平綏沿線全程之旅。沈君是冰心的留美同學。他是哈佛大學的學生，回國後很有抱負。任路局局長之後，想請名作家寫沿線的「導遊」，以發展平綏全線的鐵路事業。他不僅邀請冰心和吳文藻，還請他們發起組織一個名人參加的旅行團。冰心就爲他邀請了鄭振鐸、顧頡剛、雷潔瓊等八、九人一行，作前後六星期的暢遊。在較早建路的鐵道中，只有平綏線是完全由中國人自己設計、勘探、經營的，矗立在長城之側的詹天佑的銅像可以作證。「沿線風景有八達嶺之雄偉，洋河之紆回，大青山之險峻；古迹如大同之古寺，雲岡之石窟，綏遠之召廟各有其美，各有其奇，各有其歷史之價値。……耳目爲之一新，心胸爲之一廓」。回京後，冰心整理了六星期的日記，出版了《平綏沿線旅行記》。

就在這次平綏之行的途中，她聽到了她和文藻的老友劉半農逝世的消息。劉半農是爲考查方音民俗，於一九三四年夏到綏遠、內蒙采風，不幸染疾，回京竟不治身亡。冰心和吳文藻深感悲痛。劉半農的音容笑貌似乎還在冰心的眼前，他與吳文藻有同鄉之誼。她憶起劉半農常來燕大的教授宿舍，和吳文藻談些有關語言學的問題，她還與他們開過玩笑：「怪不得人說『江陰強盜無錫賊』，你們一談起『打家劫舍』的事，就沒個完！」於是劉半農再來玩的時候就送冰心一枚自己鐫刻的印章，冰心當然很高興。可打開一看卻大呼上當。原來印章上刻的四字是「押寨夫人」。那時忍俊不俊的樣子宛在眼前，而斯人遽然作古。僅留下可資紀念的一則軼聞，眞不免令人長吁不已。這也是這次愉快的旅行中的短暫的黯然神傷。

一九三六年暑期冰心隨吳文藻赴歐美幾近一年。燕大的慣例是每位教授，教學七年之後，就有一年假期。吳文藻得了「羅氏基金」的資助，可乘此時機到歐美考察一年。燕大還委托吳文藻和冰心代表燕大赴美參加哈佛大學三百周年大慶。這次周遊世界，對冰心擴大視界是個極好的機會。「我同他歐美轉了一周。他在日本、美國、英國、法國，到處尋師訪友，安排了好幾個優秀學生的入學從師的問題。他在自傳裡提到說：『我對於哪一個學生，去哪一個國家，哪一個學校，跟誰爲師和吸收哪一派理論和方法等問題，都大體上作了具體的、有針對性的安排。』因此在這一年他僕僕於各大學之間的時候，我只是到處遊山玩水，到了法國，他要重到英國的牛津和劍橋學習『導師制』，我卻自己在巴黎住了悠閑的一百天！」在這一百天中冰心結識了一位談鋒雋妙，美麗高雅的R小姐，以後在《關於女人．我的房東》中，出現了一位才貌雙全的法國女性。散文能寫到如此雋永灑脫，也算是不虛的百天逗留了。

一九三七年六月底，冰心和吳文藻取道西伯利亞回國，一個星期後，『七七事變』便爆發了！

第六章　堅逾金石的愛感之心

（一九三七年）七月七日，蘆溝橋上，燃起了戰爭之火……為著要爭取正義與和平，我們決定要到大後方去。盡我們一分綿薄的力量，但因為我們的小女兒宗黎（即吳青——引者注）還未誕生，同時要維持燕京大學的開學，我們在北平又住了一學年。

冰心在這一年中，可謂「度日如年」，燕京大學雖然因是美國教會學校，還不受日寇的侵犯，但是冰心每當進城時，「西直門樓上，深黃色軍服的日兵，箕踞在雉堞上，倚著槍，咧著厚厚的嘴唇，露著不整齊的牙齒，下視狂笑。」看到這些耀武揚威的侵略者，冰心痛苦得每天無不作撤離的打算。僅僅是因為腹中的小生命的預產期是十一月份，只能等冰心產後再啓程。就在這「度日如年」中，他們先將家中的一些家具，送的送掉，捐的捐掉，賣的賣掉。這一年的冬天還有一個化名「小貓」的男同學，常在半夜裡到教授們家門前來收集他們為西郊游擊隊捐獻的衣服被褥。當時吳文藻的母親還從自己的床上抽下褥子來捐獻，可見家裡的東西也不多了。

我永遠忘不了一九三七年的聖誕節前夕，在寒風中有一隊男女學生半夜來到我小樓前，唱起聖誕頌歌「平安夜」，我站在窗前抱著剛過滿月的小女兒吳青一面靜聽，一面流著感謝的熱淚，我想要不是爲了她，我早走了！還聽不到這美妙的歌聲呢！

當時吳文藻門下有兩位成績優異的學生，原本吳文藻在一九三六——三七年赴歐美訪學時就將他們列入保送名單，想日後讓他們出國深造的。可是在國難深重的歲月裡，他們要求到後方去抗日。爲這件事冰心也著實操了一番心，「我們去和司徒雷登校務長商量，可否用他的小汽車把他們兩人在夜裡送到西郊特定地點，他慨然答應了。」後來這兩位青年都犧牲了。

爲了撤離北京，冰心作了充分的準備。家具等一切「身外之物」是可以捨棄的，可是有些他們認爲珍品的「無價之寶」是捨不得也不可能讓它們與自己一起去「流亡冒險」的。

那就是文藻從在清華做學生起，幾十年的日記；和我在美國三年的日記；我們兩人整齊冗長六年的通信，我的母親和朋友，以及許多不知名的「小讀者」的來信，其中有許許多多，可以拿來當詩和散文讀的，還有我的父親年輕在海上時代，給母親寫的信和詩，母親死後由我保存的。此外還有作者簽名送我的書籍，如泰戈爾《新月集》及其他；Virginia Wolfe的To The Light House及其他；魯迅，周作人，老舍，巴金，丁玲，雪林，淑華，茅盾……一起差不多在一百本以上，其次便是大大小小的相片，小孩子的相片，以及旅行的照片，再就是各種善本書，各種畫集，箋譜，各種字畫，以及許許多多有藝術價值的畫集，箋譜，各種字畫，以及許許多多有藝術價值的紀念品……收集起來，裝了十五只大木箱。

這些皆出自許多青年學生主動幫忙，他們登記的登記，包裹的包裹，裝箱的裝箱……冰心把這些認爲最寶貴的東西寄存在燕京大學課堂的樓上。學校如能不受侵犯，這些寶愛的東西也能受到庇護。冰心默禱著。一九三八年的夏天，冰心辭別了燕大，去到大後方的雲南。行前，司徒雷登校務長再三挽留，說是他曾到過武漢見了國民政府的教育部長陳立夫，陳再三敦囑他說：「燕大一定要在華北堅持下去。」因此，他也再三勸冰心和吳文藻不要離開北平，但是冰心決心要走。因爲「北平死去了！我至愛苦戀的北平，在不掙扎不抵抗之後，斷續呻吟了幾聲，便慨然死去了！」

一九三八年九月，冰心與吳文藻到達昆明。吳文藻在雲南大學執教。一九三九年夏，他們因昆明遭到日寇大轟炸而搬遷到昆明附近的呈貢縣居住，秋天，冰心就在呈貢簡易師範學校義務教課。她還爲這個學校寫了校歌，歌詞是：「西山蒼蒼滇海長／綠原上面是家鄉／師生濟濟聚一堂／切磋弦誦樂未央／謹信弘毅校訓／莫忘來日正多艱／任重道又遠／努力奮發自強／爲國造福／爲人民增光」。冰心將呈貢的寓所命名爲「默廬」，她對默廬是很滿意的。

「我現在眞不必苦戀北平，呈貢山居的環境，實在比我北平西郊的住處，還靜，還美。我的寓樓，前廊朝東，正對著城牆，雉堞蜿蜒，松影深青，霽天空闊。最好是在廊上看風雨，從天邊幾陣白煙，白霧，雨腳如繩，斜飛著直灑到樓前，越過近塔，在瓦櫓上散落出錯落清脆的繁音。還有清晨黃昏看月出，日上。晚霞，朝靄，變化萬端，莫可名狀，使人每一早晚，都有新的企望，新的喜悅。……回溯生平郊外的住宅，無論長居短居，恐怕是默廬最愜心意。……論山之青翠，湖之漣漪，風物之醇永親切，沒有一處趕得上默廬。我已經說過，這裡整個是一首華滋華斯的詩！」

昆明與呈貢的居處好，朋友也好，人際關係出奇地令人舒心。如果我們能知道這些在冰心周圍的朋友的精神面貌，我們就能知道冰心在抗戰時期爲什麼會有如此開朗的胸襟和樂觀的情緒。這些朋友們

大半是些窮教授，北平各大學來的，見過世面，窮而不酸。幾兩花生，一杯白酒，抵掌論天下事，對於抗戰有信念，對於戰後的回到北平，也有相當的把握。他們早晨起來是豆腐漿燒餅，中飯有個肉絲炒什麼的，就算是葷菜。一件破藍布大褂，昂然上課，一點不損教授的尊嚴。他們也談窮，談轟炸談的很幽默，而不悲慘，他們會給防空壕門口貼上「見機而作，入土爲安」的春聯。他們也談窮，談轟炸公子，曾給自己

刻上一顆「小姐贈金」的圖章，他們是抗戰建國期中的最結實最沉默最中堅的分子。

在這種描述中，其實也包括冰心自己的身影。她在報導抗戰生活時曾談到國人的境況：「我們也是對於我們的環境萬分知足，生活比天還高，可是我們的興緻並不因此減低，從前是月餘吃不著整個的雞，現在是月餘吃不著整斤的肉（一片肉一元六角），我們自慰著說：『肉食者鄙』，等到抗戰完結再作『鄙人』罷。」冰心的信念是「爲孩子打出一個更光明的國家，我們這一輩人都不會活到老年，這我也知道！前途很難預測，聚散也沒有一定，所準知道的只有一個信念，就是『中國不亡』，其餘的一切也就是身外之物……」有著這個「唯一信念」的冰心在默廬寫出了《默廬試筆》這樣的好文章：

……北平也跟著大連沈陽死去了，一個女神王后般美麗尊嚴的城市，在蹂躪侮辱之下，一般儼然的死去了。

我恨了這美麗尊嚴的皮囊，軀殼！我走，我回顧這尊嚴美麗，瞠目瞪視的皮囊，沒有一星留戀。在那高山叢林中，我仰首看到了一面飄揚的旗幟，我站在旗影下，我走，我要走到天之涯，地之角，抖落身上的怨塵恨土，深深的呼吸一下興奮新鮮的朝氣；我再走，我要掮著這方旗幟，來招集一星星的尊嚴美麗的靈魂，殺入那美麗尊嚴的軀殼！

就在這種樂觀的情緒與和煦的友誼的抗戰艱苦環境中，冰心與清華大學校長梅貽琦老先生合作完成了一首爲學者吳文藻畫像的「寶塔詩」，堪稱文壇佳話：

馬
香丁
羽毛紗
樣樣都差
傻姑爺到家
說起眞是笑話
教育原來在清華

冰心曾爲這首外人所看不懂的詩作注解：「馬」和「羽毛紗」的笑話是發生在抗戰前的北京，冰心曾叫吳文藻上街買孩子吃的「薩其瑪」，可到了店裡，吳文藻再也想不起那名稱，只記得幼小的孩子說過要買「馬」，他也只說要買一種「馬」。還有一次，冰心要送父親一件雙絲葛的夾袍面子。吳文藻又忘記了名稱，說是要買一丈多羽毛紗。店員也爲之納悶。問他作何用處也說不清。這兩家店都與冰心相熟，就打電話問冰心，才知這位「傻姑爺」鬧了這兩個笑話。「香丁」是冰心和吳文藻春日黃昏散步時的笑話。吳文藻散步時常常還在考慮學術問題。一次正逢丁香盛開，他爲「講話而講話」，問冰心說「這是什麼？」冰心知道他心不在「馬」，就故意說：「這是香丁。」吳文藻也就說，「對，是香丁。」前面三個笑話，不過是說吳文藻是非常醉心於學問的學者，對生活上的小事，他簡直不知如何處置才好。也可說是「片面的低能」吧。梅校長是到呈貢冰心家來度周末的。聽了後面一句「教育原來在清華」，就覺得要站在「捍衛清華」的立場的，進行自衛反擊。因此接著爲這座寶塔再「建了兩層」：

冰心女士眼力不佳
書呆子怎得配交際花

當時在場的清華同學都笑得很得意，冰心也只好「作法自斃」。可是這種在艱苦環境中的爽朗的笑聲，令人久久不能忘懷。

一九四〇年冬，宋美齡以威爾斯利女子大學校友的身份，要冰心赴重慶共商抗戰大計。冰心從昆明起飛，飛過了可愛的雲南，「鑽過了雲海，機身不住的下沉，淡霧裡看見兩條大江，圍抱住一片山地，這是重慶了，我覺得有點興奮。……倚窗下望，我看見林立的頹垣破壁，上上下下的夾立在馬路的兩旁，我幾乎以爲重遊了羅馬的廢墟。這是敵人殘暴與國人英勇的最好的紀錄。」飛機著陸以後，對面迎來的是久別重逢的朋友。

我的朋友們都瘦了，都老了，然而他們是瘦老而不是頹倦。他們都很快樂，很興奮，爭著報告我以種種可安慰的消息。他們說忙，說躲警報，說找不著房子住，說看不見太陽，說話的態度卻仍是幽默，而不是悲傷。在這裡我又看見一種力量，就是支持了三年多的駱駝般的力量。

從《默廬試筆》和這篇題爲《擺龍門陣——從昆明到重慶》的文章中，我們看到了冰心在抗戰中所具有的民族的尊嚴和樂觀的情緒。這種情緒是她後來寫《關於女人》獲得成功的思想基礎。她到重慶後被安排在「婦女指導委員會」暫代教育文化組組長。剛上任不久，就有人對她接任這一工作表示擔心，他們認爲「婦女指導委員會」中的人員政治背景非常複雜，一個名望如此高的女作家，又缺乏行政管理的經驗，在這樣複雜的環境中是否合宜，要愼重考慮。而冰心覺得自己身體並不算好，再加上三個孩子需要教育，無意挑此半官方的公務重任，於是就辭去了「婦女指導委員會」的職務。她又用賣書所得的六千元，在重慶郊外歌樂山的半山上買了一座土屋，她美其名曰「潛廬」。她避「塵囂」於山上，「又閑在，又窮困，需要拿一點稿費，那時我的老伴吳文藻的清華同學劉英士先生，正在編一種刊物叫做《星期評論》，向我索稿。我不願以冰心的名字來寫文章，因爲我剛剛稱病，退了工資，辭了『婦女指導委員會』的教育文化組長的職務而避居到山上來的。我說：『我不用冰心的筆名行不行？』他說：『新的名字不會引起讀者的注意。』我說：『那我就寫一些能引起讀者注意的題目吧！』於是我就用『男士』的筆名，陸陸續續地寫了十六段，以男人的立場眼光，來描寫了十四個女人……」這就是冰心繼《寄小讀者》以後的又一本膾炙人口的散文集——《關於女人》誕生的因緣。

一九四一年一月五日出版的《星期評論》第八期上，刊登了男士的《關於女人》的第一篇文章《我最尊敬體貼她們》。冰心對這篇文章的印象特別深刻是因爲還有一層內情：她當時正處於「貧困線」上，他們全家在重慶「三六九」飯館共享的那頓一九四〇年「年夜飯」，是由這篇文章「請客」的。

《關於女人》中的栩栩如生的女性形象，早已被冰心攝入腦海存盤的。一有機緣她就可以「吊」出來激光打印。更何況當時在她腦海縈繞的就是苦戀著的北京呢？而「一提到北平，後面立刻湧現出一副一副的面龐，一幅一幅的畫圖：我死去的母親，健在的父親，弟，侄，師，友，車夫，傭人，報僮，店夥……剪子巷的庭院，佟府堂前的玫瑰，天安門的華表，『五四』的遊行，『九一八』黃昏時的賣報聲，『國難至矣』的大標題……」可見撰寫《關於女人》是有一種強烈的內在衝動的。這正像渠成水到，滔滔奔湧。冰心在一九四一年一月至十二月爲《星期評論》寫了九篇稿件。

到了《星期評論》停刊，就沒有再寫。今年春天（指一九四三年——引者注），「天地出版社」托我的一個女學生來說，要刊行《關於女人》，我便把在《星期評論》上已印行的九段，交給他們。春夏之交病了一場，本書的上半本，排好已經三月，不能出版，「天地社」催稿的函件，雪片般的飛來，我在鴻儒談笑，白丁往來之間，斷斷續續的又寫了三萬字，勉強結束。

這本書中的人物，大都早已刻在冰心的心版上的，如《我的母親》、《我的教師》、《我的同班》等等；但它是在抗戰的氛圍中寫成，所以愈寫愈想將這些女性與民族的命運這個大問題關聯起來。探究得最多的一個問題是：「偉大的中華兒女的精神」。每提起這種偉大的精神，她總是「脫帽」、「肅立」以表示致敬。冰心對她們在抗戰中的表現予以褒獎：「我看見過多少從前在沿海口岸，摩登城市，養尊處優的婦女們，現在地，都是荊釵布裾櫛風沐雨的工作，不論家裡或辦公室裡，都能弄得井井有條」。冰心頌讚了她們在抗戰中「忍得住痛耐得住苦」的優秀品格。《我的學生》中的S就是這類女性中的佼佼者。她自幼在澳洲長大，家庭豪華得像「澳洲公使館」，但在闊綽的外衣下，看到她在關鍵時刻的嚴肅的選擇。

美麗的S撇下衆多的追求的仰慕者，而選擇了像磐石一般堅實質樸的地質工作者P；她可以揀擇留在北平或出國避難，而不必到內地受苦，但她到了後方的一個山溝裡挑起一家的重擔，還在小學義務教課。她上街時，「男女老幼，村的悄的，都向S招呼，說長道短。有個婦人還把一個病孩子，從門洞裡抱出來給S看。」冰心善意地戲稱她爲「牧師太太」。在抗日中，S默默無聞地在她的崗位上獻出了年輕的生命。P的一位同事的太太，因得急性盲腸炎，S親自駕汽車送她到省城開刀；又因爲窮的緣故，病人在失血過多的情況下堅持不肯輸血。當S知道她們是同血型時，三個星期中輸給她四百CC血；爲了這位太太須人照料，而又請不起特別護士，S做了三星期的特別護士，直「等到她的先生來了再走」。S回家後也一病不起，「病源是失血太多，操勞過度，營養不足」，掙扎了三個月，不治而與世長辭了。她的鮮血不是獻給在前方浴血的將士的，她駕車運送的也不是殺敵的彈藥，但她表現的卻是偉大的中華兒女的崇高獻身精神。當冰心寫到「她生在上海，長在澳洲，嫁在北平，死在雲南，享年三十二歲」時，眞能催人淚下。但是冰心馬上將這種悼念死者的淚淨化到一個崇高的境界：

忽然廣場上一聲降旗的號角，我不自由自主的，仍了手裡的信，筆直的站了起來，我垂著兩臂，凝望著那一幅光彩飄揚的國旗，從高杆上慢慢的降落下來。在號角的餘音裡，我無力的坐下去，我的眼淚，不知從那裡來的，流滿了我的臉上了！

冰心對一位學生如此「敬仰」還有其另一潛在的「共鳴」。冰心在「選擇」上與這位學生有「共鳴」。S選擇了地質工作者P；而冰心選擇了吳文藻。冰心在一九四〇年與朋友通信時對吳文藻的評價是：「文藻身體還好，這人我越來越佩服他，很穩，很樂觀，好像一頭牛，低首苦幹，不像我的Sentimental。」冰心與這位學生還有「共鳴點」。冰心可以留在北平，因爲在當時，日寇的魔爪還不敢伸進美國人的勢力範圍——燕京大學。但她也像S一樣選擇了大後方。這篇文章寫得好是有主客觀的原因的。

《關於女人》是當時的一部暢銷書。一向自謙的冰心也曾在《再版自序》中說到此書受歡迎的情況：「國內各報的『文壇消息』上，都在鼓吹著『關於女人，銷路極暢』。而在美國的文藝雜誌，稱譽《關於女人》爲：The Best—Seller in Chingking（重慶的暢銷書）」。這是因爲當時就有外國友人將這些文章譯成英文在國外流傳的緣故。

《關於女人》的人物氣韻生動，眞切感人，文筆繪聲傳神，簡捷暢達，眞是難得的美文。除了爲十四個女性立傳之外，還塑造了一位優美雅致的「男士」的形象。這是動用了冰心的整個人格和畢生的教養爲模具的。「他」是一位學識淵博、彬彬有禮、尊重女性、愛而不戀的四十歲的未婚男性。冰心用「反串」的手法使作品中增添了許多雅趣，而其中的許多神來之筆，也表現了冰心的睿智。這位男士絕不顯露女性的身份，但又時時妙語雙關地吐露眞情。例如冰心寫道：「我現在『尚未娶妻』之外，並沒有失卻了『家』的一切！」這是眞話：冰心是無法娶妻的，而她的確正在享受著「家」的一切甜美。又如：「天哪，假如我眞是個女人，恐怕早已結婚，而且已有了兩三個孩子了！」在這「假說」中又吐露了眞情。冰心是「女人」，當時她的膝下，不是早有了一男二女了嗎？再如在《我的朋友的太太》那一篇最後也有「他向我要女兒，別說一個，要兩個也容易，可我的太太還沒有影子呢」！而在《後記》中，冰心又說：「我去弄一個兒子，兩個女兒來接代傳宗，分憂解慍，也是一件極可能的事——」也都暗示了冰心自己的身世。這些雙關的雋語，眞可謂「妙趣橫生」。第一個用書面形式透露「男士」就是冰心的是教育家、作家葉聖陶。當時他編輯桂林版《國文雜誌》，在一卷四、五期合刊上，葉聖陶以翰先爲筆名，將《男士的〈我的同班〉》作範文進行講析，在卷首翰先寫道：

這回選讀一篇散文，是從重慶一種叫做《星期評論》的雜誌上選來的，那種雜誌現在已經停刊了。作者「男士」在那裡發表了十來篇散文，總標題是《關於女人》，每篇敘述他所親近熟悉的一個女人。「男士」當然是筆名，究竟是誰，無法考查。但據「文壇消息家」說，作者便是大家熟悉的冰心女士。從題取筆名的心理著想，也許是眞的。現在假定他眞的，那末，冰心女士的作風改變了，她已經捨她的柔細清麗，轉向著蒼勁樸茂。咱們且逐節的讀下去。

《關於女人》也像《寄小讀者》一樣，是一首「愛的頌歌」。冰心對女人下了一個很形象的「定義」：「上帝創造她，就是叫她來愛；她是上帝化生工廠裡，一架『愛』的機器，她就是這樣『無我』地、無條件地愛著，鞠躬盡瘁，死而後已。」

冰心在抗日戰爭中的文章是寫得很樂觀而瀟灑的，可是她的生活是很艱苦的。她的昆明呈貢的默廬與重慶郊外的潛廬都是寓著主人「靜伏」的意思。從呈貢到重慶，吳文藻只有在周末才回到默廬和潛廬來。潛廬是在歌樂山的半山腰，這所土屋四周是松樹環繞，濃蔭逼人，座落在極幽靜處，「孩子們一上學，連笑聲都聽不見。只主人自己悄悄的忙，有時寫信，有時記帳，有時淘米，洗菜，縫衣裳，補襪子……卻難得寫文章！」當然從昆明到重慶都不免要躲防空洞。但是冰心在抗戰中寫的文章之所以樂觀與灑脫，恐怕與這座「踞高臨下」的土屋不無關係。

房子左右，有雲頂兔子二山當窗對峙，無論從哪一處外望，都有峰巒起伏之勝。房子東面松樹下便是山坡，有小小的一塊空地，站在那裡看下去，便如同在飛機窗裡下視一般，嘉陵江蜿蜒如帶，沙磁區各學校建築，都排列在眼前，隔江是重慶，重慶以外是南岸的山，眞是「蜀江水碧蜀山清」，重慶常常陰雨，淡霧之中，碧的更碧，青的更青，比起北方山水，又另是一番景色。

其間，一九四二年春，吳文藻還大病一場，是肺炎，嚴重到生死難卜的程度。好不容易有了轉機。在住院的一個多月裡，冰心的日夜護理，眞到了身心交瘁的地步。當時的經濟十分困難。冰心以「社會賢達」的名義，擔任「參政會」的參政員，每月的「工資」只有一擔白米。病人回家後又缺乏營養，「還是虧了一位文藻的做買賣的親戚，送來一隻雞和兩隻廣柑，作爲病後的補品，偏偏我在一杯廣柑汁內，誤加了白鹽，我又捨不得倒掉，便自己仰脖喝了下去！」這個生活細節說明了當時物質的匱乏。但就是在這樣貧困的生活裡，我們的民族的兒女們在堅韌地翹盼著勝利的早日到來。

一九四五年八月十四日夜，冰心聽到了日本帝國主義者無條件投降的消息，高興得熱淚縱橫。她恨不得馬上就回到北京，可是那時的交通工具十分擁擠，要買到返里的船票和機票，實在大不易。以致冰心寫信給友人說：「勝利到的太突然了，心理上不但不平靜，而且反亂了。……剛聽到勝利消息，有千萬種計劃，如今一個計劃都沒有，只等交通工具允許時，慢慢回到北平去。你如何，暫且鎭定再說罷。」這種心情是完全可以理解的。

冰心是一九四五年年底才回到南京的。正當她與吳文藻準備北上繼續教學時，一九四六年初，吳文藻的清華同學朱世明將軍受任中國駐日代表團團長，他約吳文藻擔任代表團的政治組組長，兼任盟國對日委員會中國代表團顧問。於是吳文藻就想把戰後的日本當作一個大的社會現場來加以考察和研究。開始他只作赴日一年的打算。只身去了日本。冰心就將兩個大孩子送到北京去上學。自己帶著小女兒吳青暫住南京。直到一九四六年十一月，吳文藻才將她接到東京去。這是後話。現在還是先插叙吳文藻去日本後冰心回北平的情景，那次與北京久別重逢後，有一件令冰心非常痛心的事，那就是在抗戰中她損失自己心愛的「珍寶」。

我總不能忘情於我留在北平的「珍寶」。今年七月，在我得到第一次飛回北平的機會，我就趕緊回到燕京大學去。……走到我的住宅院中，那一架香溢四鄰的紫藤花，連架子都不在了，廊前的紅月季與白玫瑰，也一株無存！走上閣樓，四壁是空的，文藻幾十盒的筆記教材都不見了！

我心中忽然有說不出的空洞無著，默默的站了一會，就轉身下來。……

兩天以後，我才滿懷著虛怯的心情，走上存放我們書箱的大樓頂閣上去——果然像我所想到的，那一間小屋是敞開的，捻開電燈一看，只是空洞的四壁！我的日記，我的書信，我的書籍，我的……一切都喪失了！

白髮的工友，拿著鑰匙站在門口，看見我無言的慘默，悄悄地走了過來，抱歉似的安慰我說：「在珍珠港事變的第二天清早，日本兵就包圍燕京大學，學生們都攆出去了，我們都被鎖了起來。第二天我們也被攆了出去，一直到去年八月，我們回來的時候，發現各個樓裡都空了，而且樓房拆改得不成樣子。……您的東西……大概也和別人的一樣，再也找不轉來了。不過……我眞高興……這幾年你倒還健康。

我謝了他，眼淚忽然落了下來，轉身便走下樓去。

……………

戰爭奪去了毀滅了我的一部分的珍寶，但它增加了我最寶貴的，丟不掉的珍寶，那就是我對於人類的信心！

冰心是於一九四六年十一月九日由上海起飛，抵達東京羽田機場的。從此她在日本住了五年之久。在這五年中，她看了許多，也想了許多。「我到東京的第三天，友人帶著去了箱根。從東京到橫濱的途中，印象最深的是無邊的瓦礫、衣衫襤褸的婦女、形容枯槁的人群。……看見了東京我想起了重慶，走在箱根感到是走在歌樂山。痛苦給了我們貴重的教訓。最大的繁榮的安樂不能在侵略中得到，只有同情和互助的愛情才能有共存共榮。」在寫了《關於女人》之後，在戰爭造成的大破壞之後，冰心也在考慮人類在同一星球上共同生存的前途問題。她似乎有所發現，在三十年代對「愛的哲學」曾有短暫的輕度「迷失」，她應該對「

母愛」重新寄予厚望：

我漸漸的走近了我自己，開始作久別後的寒暄，出乎意外的，我發現八年的痛苦流離，深憂痛恨，我自己仍舊保存著相當的淳樸，淺易與天真。

她——我的「大我」，很穩重和藹的告訴我：

世界上最大的威力，不是旋風般的飛機，巨雷般的大炮，鯊魚般的戰艦，以及一切摧殘毀滅的戰器——因爲戰器是不斷的有突飛猛進的新發明。擁有最大威力的，還是飛機大炮後面，沉著的駕駛的有血，有肉，有情感，有理智的人類。

機器是無知的，人類是有愛的。

人類以及一切生物的愛的起點，是母親的愛。

母親的愛是慈藹的，是溫柔的，是容忍的，是寬大的；但同時也是最嚴正的，最強烈的，最低禦的，最富有正義感的！

她看見了滿天的火焰，滿地的瓦礫，滿山滿谷的枯骨殘骸，滿城滿鄉的啼兒哭女……她的慈藹的眼睛，會變成銳明的閃電，她的溫柔的聲音，會變成清朗的天風，她的正義感，會飛翔到最高的青空，來叫出她嚴厲的絕叫！

她要阻止一切侵略者的麻醉蒙蔽的教育，阻止一切以神聖科學發明作爲戰爭工具的製造，她要阻止一切使人類互相殘殺毀滅的錯誤歪曲的宣傳。

全人類的母親，全世界的女生，應當起來了！

…………………………

我的「大我」輕輕地對我說：「做子女的時候，承受著愛，只感覺著愛的偉大，做母親的時候，賦予著愛，卻知道了愛的痛苦！」

…………………………

這八年，我嘗盡了愛的痛苦！我不知道在全世界——就是我此刻所在地的東京，有多少女性，也嘗著同我一樣的愛的痛苦。

這是冰心剛到的日本的第一篇文章：《給日本的女性》。過去一直不為人們所重視，但這篇文章是冰心的又一篇「愛的哲學」被轟炸後的「再造重建」的宣言。母親的愛遇到了非正義的行徑，也會發出「嚴厲的絕叫」——仇恨的火焰。可見這種「愛」是人類必具的一種基本道德規範，是人類良知的結晶。否定這種「愛」，不管他打著什麼旗號，是向獸性的復歸與倒退。這是冰心在三十年代短暫的迷失後的清醒，是經過八年抗戰的血的代價所得到的精神的升華。「愛的哲學」應該是我們的子子孫孫也「丟不掉的珍寶」。

冰心到日本後思想上也頗有新的啓示。她「作為一個從小就耳聞目睹日本軍國主義者對中國人民的殘暴行爲的中國人，我對日本的一切，日本旗、日本人、日本貨……都恨得咬牙切齒。一九四六年十月，抗戰勝利後不久，我就有機會到日本去。看到我在一九三六年到歐美遊歷前路過的日本，如從橫濱到東京的繁華大路上，幾乎成了一片廢墟，到處是轟炸過的痕迹。我在美國留學時的日本朋友，從報紙上看到我到東京的消息就都來看我。他們個個都是衣衫襤褸，形容枯槁，我才恍然驚覺，日本軍國主義鐵蹄下的受害者，不但有中國人，也有日本人！」冰心可算是戰後最早抵達日本的作家，日本文藝界去拜訪她的人很多，很受傳媒界的注目。她雖然是作爲中國代表團的家屬，沒有任何公務在身。但她的工作卻是極忙的。她給朋友的信中寫道：「我來後盡爲日本人報紙寫文章。他們渴望要知道中國文藝界情形，和中國文化界對日態度。我見過許多日本女作家，相當失望，過去她們太受蒙蔽了，不但對中國，對世界大勢也不清楚。於是我天天寫文章，見記者，赴日本人的宴會，日本飯眞難吃。」

冰心在日本時不僅忙於對外作宣傳，還要爲中國代表團成員的孩子們的受教育問題操勞。這群孩子隨父母到了日本，在日本學校受教育有一定的困難和不適應之處。冰心就組織家屬一起來辦好子弟小學。由她自任校長，解決了代表團成員的後顧之憂。

冰心還常被邀到大學中去做講座。一次她應邀到東京大學去講學。「學生諸君都感到，只有短短一個多小時，無論如何是遺憾的事。」爲了彌補這種遺憾，於一九四八年六月起，冰心又應東方學會東京支部和東京大學文學部中國文學研究室的聯合邀請，作了系列講座：《如何鑒賞中國文學》。當時擔任翻譯的倉石武四郎後來將記錄稿請冰心改定，在一九四九年九月由大日本雄辯會講談社用日文出版。倉石武四郎在《前言》中說：「我擔任了翻譯工作。連續的五次演講的聽衆雖然每次不等，但那三十六號的大教室總是擠得滿滿的。借用女士的話來講，『令人高興的是不少婦女的參加』。演講閉幕了，作爲有關中國問題的講演，這樣的盛況是空前的。」從一九四九年到一九五一年冰心又受聘於東京大學講授《中國新文學》課程。

當是時，國內的形勢大變。「我們心情都壞得很，因爲聽得多，四面八方的，覺得苦悶。我們這裡找人談容易，各國的。看宣傳品也容易，也是各國的。人家唯恐你不看，我們是越看越糊塗。……我倒想寫，只是心理亂得很，以前的想法看法，似乎都碰了壁，都成了死路。實際上人生，似乎是卑鄙、殘酷、狹仄、污穢。我一向只躲在自己的構想裡。這構想似乎要打破，才能痛快的寫。」在時代的大動蕩面前，冰心又對自己的構想產生了懷疑。而老舍由美返國，途經日本，與冰心夫婦會面，似乎對他們的觸動很大。他們也決心回到大陸去。爲了達到這一目標，她與吳文藻對外則聲稱是赴美講學。這樣才不會有人爲的障礙。

冰心在回國前，在一九五一年六月十二日爲日本自由學園作了一次演講，講題是《詩人與政治》，其中講到陶淵明的《歸田園居》一詩。冰心說：「陶淵明雖從自然界得到了恬靜，但政治上卻不得安寧，於是只好棄官歸田，想以飲酒來忘卻人世間的事情。從詩中可以看出陶淵明當初受政治的羈絆，爾後才從中解脫出來得以自由。」這是一種冰心的不自覺的「巧合」，她竟是在談她的不能自我預測的未卜前途。她從此是不是會受政治的羈絆，她將是如何解脫出來？

第七章　思想不老的人永遠年輕

一九五一年秋，冰心全家歸來後的第一個落腳點是天津。不久就搬遷到北京這個她所最熟悉的、也是居留得最久的城市。她眞是有到了「家」的感覺。吳文藻的話也說出了冰心的心裡話：「自一九三八年離開燕京大學，直到一九五一年從日本回國，我的生活一直處戰時不穩定的狀態之中。」

應該說冰心安居樂業了。在開始的日子裡，她的確又像是讀貝滿中齋和燕京大學時一樣，再次進入了一個「一帆風順」的時期。「我選定了自己的工作，就是：願爲創作兒童文學而努力。我素來喜歡小孩子，喜歡描寫快樂光明的事物，喜歡使用明朗清新的字句。」回大陸後，冰心一直自稱是「兒童文學工作者」，自己要作好兒童「精神食品炊事員」：

爲兒童準備精神食糧的人們，就必須精心烹調，做到端出來的飯菜，在色、香、味上無一不佳。使他們一看見就會引起食慾，欣然舉箸，點滴不遺。因此，爲要兒童愛吃他們的精神食糧，我們必須講究我們的烹調藝術，也就是必須講求我們的創作藝術。

在這方面，冰心是身體力行的。過去她有承受過母愛的溫存的童年和青少年時代，那麼，現在她是一位「施予」母愛的人。大量的作品說明她是以偉大的母親的至情，關懷下一代的精神、道德、靈魂的樸素、平凡、高尚與偉美。如她的《陶奇的暑期日記》的主旨就是崇尙兒童的可貴的自覺性。它主要寫陶奇通過記日記，培養了一種「持之以恒的自覺」。冰心又作爲一個散文家活躍於大陸文壇上。冰心說：「散文是我所最喜愛的文學形式。」「散文又是短小自由，拈得起放得下的最方便最鋒利的文學形式。……散文可以寫得鏗鏘得像詩，雄壯得像軍歌，生動曲折得像小說，尖利活潑得像戲劇的對話，而且當作者『神來』之頃，不但他筆下所揮寫的形象會光華四射，作者自己風格也躍然紙上了。」她的散文集《歸來以後》、《我們把春天吵醒了》、《櫻花贊》、《拾穗小扎》等相繼出版。

冰心又以她的知台度而成爲文藝外交家，出現於各國作家之中。一九五三年她訪問了印度十九個城市和許多鄉村，後經緬甸回國；一九五五年她再次赴印度出席亞洲國家會議，赴瑞士洛桑參加世界母親大會，又參加中國代表團到日本出席禁止原子彈和氫彈世界大會；一九五七年冰心途經蒙古、蘇聯、捷克，到埃及參加亞非人民團結大會；一九五八年她參加中國文化代表團，到西歐訪問，先到瑞士、繼而義大利，在那裡訪問羅馬、威尼斯等大小二十幾個城市，又轉道英國，訪問了倫敦等城市；同年她又到蘇聯烏茲別克共和國首都塔什干參加亞非國家作家會議，緊接著參加十月社會主義革命四十一周年典禮；一九六一年，參加中國作家代表團出席日本東京召開的亞非作家會議常設委員會緊急會議；一九六二年赴埃及開羅出席第二屆亞非作家會議；一九六三年參加中國作家代表團到日本訪問。以上是「文化大革命」之前，冰心的出訪年表。她的確成了一位文藝外交家。

作爲散文家和文藝外交家，她筆下的散文就有《櫻花贊》這樣的優美的篇章：

清晨的山路，沒有別的車輛，只有我們這十一輛汽車，沙沙地飛馳。這時我忽然看到，山路的兩旁，簇擁著雨後盛開的幾百樹幾千樹的櫻花，這櫻花，一堆堆，一層層，好像雲海似地，在朝陽下緋紅萬頃，溢彩流光。當曲折的山路被這無邊的花雲遮蓋了的時候，我們就像坐在十一隻首尾相接的輕舟之中，凌駕著駘蕩的東風，兩舷濺起嘩嘩的花浪，迅地向著初升的太陽前進！

作爲兒童文學工作者和散文家，她筆下就出現了《再寄小讀者》中如此沁人心脾的片段：

在這裡的一段旅程，我們和海結下了不解之緣！我們住的旅館，都是面臨大海的；我們與義大利朋友聚餐的飯店，也都挑選海邊名勝之地；枕上聽得見鷗鳴和潮響，用飯的時候，彷彿也在啖咽著蔚藍的水光。一路乘車，更是沿著迂迴的海岸，一眼望去，不是無際的平沙，就是嶙峋的礁石，上面還有聳立的碉堡，而眼前一片無邊的海水，更永遠是反映著空闊的天光，變幻無極，儀態萬千，海水是很藍的；在晴朗的天空之下，更是像古詩上所說的：「水如碧玉山如黛」，光艷得不可描畫！那顏色是一層一層的，遠處是深藍，稍近是碧綠，遇有溪河入海處，這一層水色又是微黃的。唐詩有：「一道殘陽鋪水中，半江瑟瑟半江紅。」這兩句寫的極好，因爲它不但寫斜陽，連江上的微風，也在「瑟瑟」兩字中，表現出來了！

這段文字讓我們憶起冰心在「初寄」中，在約克遜號郵船上忘情於大海的奇幻景色時的絢麗筆致。至於將古典詩詞與眼前的美景融匯揉合，使讀者兩相參證，如入自然圖畫，則更是冰心的生花妙筆的神形兼備之處。

但是如果以《寄小讀者》與《再寄》、《三寄》相比，前者是以一顆童心與小朋友作感情交流，還時時求助於小朋友們的憐念，這種平等的態度使小朋友們多了一位知心貼意的大姐姐。那種親密無間的感情是不分彼此的；可是在後兩寄中冰心是以祖母之心對孩子進行教育，一方是「施予」者，一方是「受惠」者，那種平等的天眞爛漫之情少了，政治說教的成分多了。在那些國外訪問的通信篇章裡，一定要爲「敵人一天天爛下去，我們一天天好起來」的論斷去做注釋是並不實事求是的。

從表面看來冰心在這幾年中是一帆風順的。但從實質上看，她是有巨大的損失的。那就是失卻了對青少年進行「愛的教育」這種必不可少的道德規範教育的權利，相反，作爲「鬥爭哲學」的對立面，她要受到批判，她要進行自我檢討。冰心是善良的。這種批判和檢討進行到如此「深入人心」的地步，連她自己也「自覺」地相信自己是的確錯了。而有時也是出於政治氛圍的擠壓，不得不講一些言不由衷的話。例如在「以階級鬥爭爲綱」的大宣揚中，她在一九六〇年的第三次作家代表大會上的發言也只好在《把反帝國主義鬥爭進行到底》的標題下，大反「愛的哲學」了：「我就痛切地認識到在我作品中一貫宣揚的超階級的『母愛』，是個最反動最含有毒素的思想。」反對帝國主義這樣的標語在今天還有意義，但「愛的哲學」決不是帝國主義。可見在當時，冰心的「愛的哲學」的處境之惡劣是可以想像的（在這次出版《冰心全集》時，該文沒有被收入）。

冰心的另一個心靈的創傷是，一九五八年四月吳文藻被錯劃爲「右派」。當時吳文藻只能對他的愛妻說了幾句非常有說服力的話：「我若是反黨反社會主義，就到國外去反好了，何必千辛萬苦地藉赴美的名義回到祖國來反呢？」而冰心則怎麼也想不通。她說：「如果他是右派，我也就是漏網右派，我們的思想都差不多，但決沒有『反黨反社會主義』的思想。」她覺得自己有著一腔冤憤。直到受了「文革」的「教育」，冰心才有所覺悟：「反正一九五七年以後，我們這一代人都是『在劫難逃』，還有什麼話好說？」看清看透之後，也就無所謂「冤憤」了。

應該感謝文化大革命給天眞的人們上了一堂生動的大課。冰心也親眼看見了「恨的教育」的惡果，也同樣會感到那些箍著紅衛兵臂章的青少年就是缺乏「愛」的道德規範教育的一代犧牲品。他們抄她的家，他們批鬥她，對她進行人格的侮辱，人，在這個歲月中已成了「人豕」，而且無可理喻。這種無情鬥爭，這種粗暴吆喝皆是人性泯滅、獸性發作的大展覽。一九七〇年一月她被送到湖北咸寧中國作家協會「五七」幹校勞動，同年六月轉到湖北沙洋中央民族學院「五七」幹校，這就意味著她有了與吳文藻在一起勞動的權利了。

巴金的一席話說明了冰心在文化大革命後的覺醒：

她這個與本世紀同年齡的老作家的確是我們新文學的最後一位元老，這稱號她是受之無愧的。但是把「老」字同她連在一起，我又感到抱歉，因爲她的頭腦比好些年輕人的更清醒，她的思想更敏銳，對祖國和人民她有更深的愛。我勸她休息，盼她保重，祝願她健康長壽。然而在病榻前，在書房内，靠助步器幫忙，她接待客人，答覆來信，發表文章。她呼籲，她請求，她那些眞誠的語言，她那些充滿感情的文字，都是爲了我們這個多災多難的國家，都是爲了我們熟習的忠誠、老實的人民。她要求「

眞話」，她追求「眞話」，將近一個世紀過去了，她還用自己做榜樣鼓勵大家講「眞話」，寫「眞話」。我聽說有人不理解她用寶貴的心血寫成的文章，隨意地刪削它們。我也知道她有些「刺眼的句子」不討人歡喜，要讓它們和讀者見面，需要作家多大的勇氣。但是大多數讀者了解她，大多數作家敬愛她。她是那麼坦率，又那麼純眞！她是那麼堅定，又那麼堅強！作爲讀者，我不曾上當受騙；作爲朋友，我因這友誼而感自豪。更難得的是她今天仍然那麼年輕！我可以說：她永遠年輕！

思想不老的人才永遠年輕！

冰心與巴金是新文學的兩位元老級的作家，也是以姐弟相稱的友誼誠摯的楷模。他們在「文革」以後攜手並進，以說「眞話」著稱。無私才能無畏。他們的敢於說「眞話」是源於他們覺醒後的無畏。冰心說：「我這人眞是『一無所有』！從我身上無『權』可『奪』，無『官』可『罷』，無『級』可『降』，無『款』可『罰』，地道的無顧無慮，無牽無掛，抽身便走的人……」她在一九八九年就在致巴金的信中說：「現在我想我已八十八歲，也是『行將就火』的人，若不趁還有一口氣的時候，寫些自己要想寫的東西，就要悔之晚矣。」「如今，每當『肝火旺』的時候，我還要寫，年輕的編輯們就笑說：『老太太的文章好是好，就是燙手。』燙手!?我有什麼好說的？誰讓我頭上頂著兩團『火』？」她詼諧地說自己小時被算命先生推算出命裡「五行缺火」。她謝婉瑩的「瑩」字，就是她的頭上的兩團「火」。在《冰心九句文選‧自序》中，她說：「這些小文寫得又自由又散漫；反正是隨時想到、看到、聽到什麼，有想法、有念頭就揮筆寫了出來，古語說：『耋與耄，雖有罪不加刑』，我也豁出去了！」這樣的近乎怒目金剛式的火辣辣的話，在「文革」以前的文章中你是找不到的。但這頭上的「兩團火」是出於對人民的深深的愛，也正如冰心說過的，這種母親的愛是「最嚴正的」，也是「最富有正義感的」！這是母親給後代留下一點有骨氣的偉大的愛！

在「文革」之後，她已到了視死如歸的火候——到了「揣透」了生命的眞價的爐火純青的化境。一九八五年九月廿四日，與冰心相濡以沫五十六個春秋的吳文藻病逝於北京。冰心的痛苦是非常內向的。深情的流露是非常理智的。她在回覆巴金勸她節哀的信時寫道：「巴金老弟：……我是想得開的！他不死於反右之間，不死於十年動亂，逝世時已經昏迷了三個星期，沒有顯出什麼痛苦，他不過比我先走一步，八十四歲也不算短命，我是十分滿足的。……我很好，沒有在人前流過一滴淚，心裡也平靜，你千萬放心。……」最後的具名是「大姐」。

在「文革」以後，冰心最主要的工作就是爲「知識」請命，爲「文化」請命！她以近九十高齡之身，還寫小說，用她的筆，用她的愛，告誡我們：缺乏教育和缺乏文化傳統的我們，若不去眞心彌補，是要受到歷史的報應的。她的小說《萬般皆上品……──一個副教授的獨白》的確是「一團火」。這位副教授的兩個女兒念書的成績不錯，高考成績也好，但是她們自動綴學了。一個去開出租車，一個去餐館當服務小姐。下一代準備用向「知識」告別，向「文化」再見的重大犧牲，來保全上一代──她們父親的「清高」：「您呢，兢兢業業地教了三十年的大學，好容易評得個副教授，一個月一百一十六塊錢工資！開門七件事什麼都要錢買，不向錢看行嗎？您不要再『清高』了，『清高』當不了飯吃，『清高』當不了衣穿，『清高』醫不了母親的病！」姐姐說了妹妹說，妹妹說得比姐姐委婉些：「我們一家每月有了五六百塊錢，媽媽的病也好治了，阿姨也好請了，您還教您的書，就算是消磨日子，過您的教授癮吧！」兩位女兒的一席話是給做教授的爸爸上了一堂課。得出了一個他不願意得出的結論：「『眞是萬般皆上品，唯有讀書低嗎？』面對兩個孩子，我心頭翻湧著異樣的滋味。」用下一代的犧牲來保全上一代人對「知識」和「文化」的「晚節」，我們的民族能大有希望嗎？冰心在一九八九年一月五日所寫的《從評價〈群言〉說起》中作了回答：「我們是應該都有極其深重的危機感和緊迫感。知書識字的公民們都比我年輕，不要坐視堂堂一個中國，九千六百萬平方公里的肥沃土地，在二十一世紀變成一片廣闊無邊的『文化沙漠』。但我還是幸福的，因爲我無論如何是看不見了！」還有一篇重要的文章是冰心大慟了「母親的心」

寫成的《我嗚咽著重新看完〈國殤〉》：「《國殤》裡那些爲『國』而『殤』的知識分子，我一位也不認得，但他們的形象在我們腦子裡是活靈活現的！」冰心爲了表示對這篇報告文學的內容的強調，她引述了文章中的兩大段，邊引還邊加夾注：

我國具有高等教育水平的知識分子共約六〇〇萬，他們勤勤懇懇、兢兢業業地埋頭苦幹了幾十年，「文革」過後（「文革」前頭應該加上「反右」二字！——冰心注），在科技、文化、教育事業一片荒蕪，百廢俱興的時期，他們成爲最可依靠的中堅力量，或曰「中流砥柱」，他們一直在超負荷、高消耗下疲於奔命，體質一直下降或未老先衰，或猝然死亡，這不是偶然的現象了。

我國知識分子的總收入尚不及普通勞動者（比起腰纏巨萬的「倒爺」來，更有天淵之別了。——冰心注），大約是世界上知識分子待遇最低的國家之一了，而幾乎所有發達國家和地區的知識分子都格外得到尊重，有著一般體力勞動者所不及的優厚待遇，我國中高級知識分子的壽命比全國人均壽命要短近十年。爲了中華民族的騰飛，搶救中年知識分子迫在眉睫。

冰心在引述了這兩大段後，發表了自己的感觀說：「說『騰飛』是很樂觀的話，長出翅膀的知識分子，有的已經折掉了，墜地了，有的已經飛走了，『外流』了，搶救談何容易！

說一千，道一萬，搶救知識分子的工作，還得知識分子自己來做，『殷憂啓聖，多難興邦』，呼籲，請求，是沒有多大用處的，我有這個經驗！」這個經驗是很沉痛的。她曾是一至五屆人民代表大會代表，又曾是政治協商會議的常委，又是中國民主促進會中央名譽主席。這裡該有多少沉重的教訓。她的主要工作的重心就是放在爲「知識」請命，爲「文化」請命。可是經驗又告訴她，呼籲與請命，或許是有一點用處的，但沒有「多大」用處，大概是不能解決根本問題的「用處」。蕭乾評論道：「她不寫那種不疼不癢的文章。她的文章照例不長，可篇篇有分量。在爲民請命、在干預生活上，她豁得出去。」「八十年代的冰心大姐，還有巴金，是中國知識分子的良知的光輝代表。」這樣就又要進而談到巴金所說的「我聽說有人不理解她用寶貴的心血寫成的文章，隨意地刪削它們」的公案了。只要看冰心給《冰心文集》的編者的信中，就能透露出一點消息來。冰心寫道：「宮璽先生：示悉，《萬般皆上品》請用原稿（我就因他們改稿而不看《人民日報》）。」冰心是憤怒抗爭的！她在致巴金的信中說：「《萬般皆上品……》得了許多『強烈的』反響，但是原稿曾被撤下，後來又被刪改了許多，才能登出。『言論自由』還只是在口頭上說說！」冰心在《說說我自己》中坦然地說：「我只能把我自己的舵。我努力把我自己對於周圍一切的感想和反應，無論是愛、憎、喜、怒，都痛快地發洩了出來，不管編輯有什麼難處，也不管能否和讀者見面，橫豎我已經寫了，和我知己的朋友都知道我的心情。」

這一切都告訴我們，冰心是無私的。不僅在思想上是無私無畏的而且在金錢上，也是大公無私的。她是決心將自己培養成「無產階級」的。她雖然並不富裕，但她卻盡了她的力量，捐贈出她力所能及的一切。在一九八五年她寫信給友人時就談起，吳文藻自己的存款捐給學校做學生獎學金：「我已將他的遺囑（早寫的）看過，遵囑將他的存款三萬元，全數捐民族學院研究部，做研究生獎學金，並已交出。」從一九八五年起，冰心就陸續向現代文學館捐贈她收藏的字畫，她在《我向文學館捐贈字畫的經過》中提到她所有的字畫已有三次大損失，那就是「七七事變」、反右期間和十年動亂。現在她又偶爾在箱子底裡找到些舊的，再加上友人的新贈品，數量也就可觀了。「我想如果我一旦悄悄地走了，我的第二代第三代人對這些我所珍貴的東西將手足無措，還可能散失」。於是她將這些珍品送給了文學館。「當他們幾個人輕輕地托起這些字畫下樓去時，我忽然覺得歡快地『了』了一樁大事，心裡踏實多了！現在僅有的是掛在客廳牆上的吳作人的熊貓和梁任公前輩替我寫的『世事滄桑心事定，胸中海岳夢中飛』一副對聯……以上這幾幅字畫，將來我『走』後也都要捐給文學館。」我聽說冰心給出版部門「算」稿費也是算得很清楚的。但告訴我的人馬上加上一句話：算了去都是捐出去給災區或是希望工程的。恕我不在這裡一一羅列她的捐款的數目了。她的《冰心文集》

和《冰心全集》的稿費也都如數捐出去了。我只想再舉其中一筆小數目爲例：她給福建散文家郭風寫信，「茲由郵寄上一千四百元，作爲捐助長樂縣水災的賑款，我不知應寄到哪裡，請你代勞。此款最好用在修復小學校舍等等。數目太小了，我不好意思。」我每看到類似的信時，我總覺得冰心不是在捐款，而是在捐她的一顆「母親之心」。我想她有什麼不好意思呢？一個人財力是有大小的。我們難道叫她「不好意思」，而叫那些貪官污吏和損公肥私者「心安理得」？

一九八〇年，冰心在腦血栓後又不幸摔折了右腿；一九八三年十一月又因摔壞了一點背脊骨而住院三周，在一九八八年又發現患有白內障。她平時雖然離不開助步器。但是對世事她是能明察秋毫的。她的筆還能使她走遍天下。她是一位有世界影響的作家。儘管她如果知道我這樣評價她，就一定會責備我，把她捧得太高了。她一向自歉：如一九九一年在福州召開「冰心創作七十年討論會」，冰心聽到這個消息後說：「聽說十月初在福州有個『冰心創作學術討論會』，聽了眞是十分惶恐！我希望我的鄉親們不把我『放大』，而是將我的創作的短處，挑了出來，好讓我多多改進。肺腑之言，願大家聽取。」一九九二年「冰心研究會」成立，巴金任會長。她在《上「冰心研究會」全體同人書》中寫道：「『研究』是一個科學的名詞。科學的態度是：嚴肅的，客觀的，細致的，深入的，容不得半點私情。研究者像一位握著尖利的手術刀的生物學家，對於手底下的待剖的生物，冷靜沉著地將健全的部分和殘廢的部分分割了出來，放在解剖桌上，對學生詳細解析，讓他們好好學習。我將以待剖者的身分，靜待解剖的結果來改正自己！」這篇「上書」，刊登在「冰心研究會」創辦的會刊創刊號上，這本會刊定名《愛心》。這是非常有深意的。我們的現實告訴我們，我們的時代太需要弘揚冰心倡導的「愛的教育」了。我們的獨生子女的青少年正在成長。「自我中心」意識，「以自我爲圓心，以個人利益爲半徑」的習慣性思維方式，應該日益引起我們的警惕。我們更需要人與人之間的互愛互助的獻身精神。「愛心」應該作爲他們的道德規範教育，深烙在他們的心中。在我們的地球上，我們並非不要鬥爭。但冰心說很好：「我的思想是一貫的，我始終相信暴力是暫時的，和平是永遠的。」更何況，「恨」只有建築在「愛」的基礎之上才是正義，才是「人」的「恨」，而不是「獸」的「噬」。我們應該全面肯定冰心的「愛的教育」。而「恨」只是「愛的教育」前提下的一個有機組成部分。只有高舉「人性的愛的大纛」，才能有「正義的憎的豐碑」！

她畢其一生，「灑向人間皆是愛，留些正氣在人間」！永遠的冰心！

後記

在一九六四年第一期的《文學評論》上，我和曾華鵬教授發表過《論冰心的創作》。七〇年代末八〇年代初，我又與曾華鵬教授合作撰寫《冰心評傳》，此書於一九八三年由人民文學出版社出版。這大概是國內第一本爲冰心立傳的專書。一九九九年初，冰心逝世後，紀念文章很多。我也想撰文紀念，可是總覺得被自己過去的作品所囿，跳不出原先的框範，頗感遲疑。後來，在海外攻讀文學專業的范紫江來信，她也讀到國內的一些有關紀念文章。她覺得不少文章將冰心的一生看得太一帆風順了；而且僅僅是一般的稱頌冰心的「愛心」也是不夠的，應該在學術上「全面肯定冰心以『愛的哲學』爲內容，對讀者——特別是對兒童所進行的『愛』的教育」，徹底駁斥那些將「愛的哲學」、「愛的教育」與「階級鬥爭」或「鬥爭哲學」對立起來的論點。假期歸國探親時，我與她就這個問題進行了探討。一些新的論點，也就乙乙欲抽地展現在我們的腦際。例如對《分》的評價不宜過高，應該看成是冰心對「愛的哲學」一度的迷茫的產兒。五〇年代～七〇年代對「愛的哲學」的批判是錯誤的，這使冰心感到無比的重壓，她一生中內心最痛苦的也就是第三次作家代表大會前後的「言不由衷」。正因爲有這一痛苦的經歷，她才感到既屈辱又必須內省，所以，在文革後，她疏理了她大半生的經歷並有更新的感悟，她才會有那種「母親的憤懣」，才那麼堅定不移地毫不退縮地「說眞話」。她認清了「階級鬥爭」與「愛的哲學」水火不相容的論調，是站不住腳的。她不應該再去理會這種責難。須知以「愛的哲學」爲內容去進行「愛的教育」，與人類的正義的「鬥爭」是永遠並行不悖的。「愛的教育」是人類的啓蒙「素質教育」，沒有這種啓蒙，最大的危險就是導至於人獸不分……。她喊出了「有了愛就有了一切」的母親的呼號。看來，除了一九一九～一九二六年是冰心創作的黃金季節之外，文革後，她又迎來了第二個創作的春天。雖然由於年齡和精力的限制，可是在本質上說來，這是她寫得非常自由與舒暢的歲月。這些觀點催促我們，使我們覺得有必要合作重寫一本《冰心傳》。這本傳記的主調就是學習「說眞話」的精神，全面肯定冰心的「愛的哲學」與「愛的教育」。

我們要感謝張堂錡先生、陳信元先生和欒梅健先生的熱心推薦，也感謝文史哲出版社社長彭正雄先生，使這本重寫的《冰心傳》能很快與讀者見面。我也期待同行與讀者能多多賜教。

范伯群　於二〇〇〇年十一月十五日